走進禪詩

禪詩中的禪史

蕭麗華／黃秀珠／吳靜宜 著

自序一

拈花微笑讀禪詩

從禪宗第一本燈錄《祖堂集》開始，就可以看到禪與詩偈不可分割的關係。在著名的「拈花微笑」公案中，釋迦牟尼佛的〈付法偈〉說：「法本法無法，無法法亦法。今付無法時，法法何曾法？」這開啟了中國禪宗史上燈燈相傳的法統與以詩傳法、以詩印心的特質。從此，西天二十八祖達摩成為中國禪宗初祖，初祖再傳給慧可、僧璨、道信、弘忍，直到惠能，乃至於分燈後超佛越祖的禪師，都以詩偈把無形無相的禪法傳遞下去。詩偈這種獨樹一格的禪宗語言，為歷代禪師保留著智慧的花串。於是，禪史上的禪詩成了中華文化的瑰寶，是禪者生命的明鏡與智慧的雋語。

達摩到中土後付法給慧可，也說了一偈：「吾本來此土，傳教救迷情。一花開五葉，結果自然成。」這首偈暗示禪宗將在中土大興法脈，一花開五葉，於是形成了由初祖達摩、二祖慧可、三祖僧璨、四祖道信、五祖弘忍到六祖惠能，一脈相傳的祖師禪血脈；與溈仰、臨濟、曹洞、雲門、法眼五宗，加上臨濟宗分出的黃龍、楊岐二派，統稱之為「五家七宗」的分燈禪。《天目中峰和尚廣錄》說：「所云五家者，乃五家其人，非五家其道也。」五家的宗旨都是達摩餘緒、惠能禪道，不同的只是「語言機境之偶異」而已。

惠能是南宗禪的創立者，他的〈示法偈〉說：「菩提本無樹，明鏡亦非台。本來無一物，何處惹塵埃？」他的禪法總綱為：「我此法門，從上以來，頓漸皆立無念為宗，無相為體，無住為本。」雖然禪宗史上以神秀為漸，惠能為頓，但是惠能認為不論頓漸，禪宗從祖師以來強調的都是「無念」、「無相」、「無住」。偏偏禪法的關鍵處，祖師們都是以詩偈示道。所以，參禪當以參詩為要。

溈仰宗的宗風，《宗門十規論》說它「方圓默契」，《五家宗旨纂要》則說是「明暗交馳，體用雙彰」；臨濟宗的宗風，《人天眼目》說它「大機大用」，《五家宗旨纂要》則說是「棒喝齊施，虎驟龍奔」；曹洞宗的宗風，《五家宗旨纂要》說它「道合君臣，正偏回互」；雲門宗的宗風，《人天眼目》則說是「截斷眾流，不容擬議」；法眼宗的宗風，《萬法歸心錄》說它「對症施藥，垂機迅利，掃除情解」……，這些評唱的意思到底是什麼？如何分辨五家七宗的禪風？我認為，通過閱讀五家七宗的禪詩，對這些應機而產生的、接引學人的不同方法，就能更心領神會其中細微差別的奧妙之處。

元好問〈贈嵩山雋侍者學詩〉說：「詩為禪客添花錦，禪是詩家切玉刀。」一妙解詩與禪相通之意。但是，「詩」真的只為「禪」錦上添花，「禪」真的只為「詩」增上境界而已嗎？詩的妙處在於象徵，禪的妙處在不語；詩禪合轍，相輔相成，祖師大德早已知道這等妙用。早在中國周代《易經．繫辭》上就記載著孔子說：「書不盡言，言不盡意，……

聖人立象以盡意。」在精神認知的世界，語言是有限的，但詩卻能以意象象徵涵括無限。古印度時期，佛陀也早已把他的教法化為十二分教，其中的「伽陀」（gāthā）和「祇夜」（geya）都是詩。通過讀詩，我們對禪的領悟將更精確而深刻。詩可以是禪悟的契機，詩也可以是悟後的語言，詩甚至可以做為禪的教法，這就不只為「禪」添花錦而已。

六朝到兩宋之間，不僅是禪宗發展的極盛期，也是詩僧輩出的年代。從六朝第一代詩僧：康僧淵、支遁、道安、慧遠等，能詩的高僧近四十人，高僧與文士以詩歌互動，促成詩禪合轍；唐代則屬於第二代詩僧輩出的時期，能詩的僧人數以百計，詩集更多，而唐至五代，僧人詩集就達四十多部，出現以皎然、寒山、拾得、齊己、貫休等大批詩僧，詩作豐富，成果斐然；兩宋僧集更逾四、五百人，流播廣披日、韓與越南。

禪宗與佛教的妙旨，在僧俗間以詩歌為弘法途徑，對文人的思想與信仰影響深遠。在中國，詩是科舉應試科目之一，文人的主流作品為詩歌，因此文士受禪師影響所產生的禪詩也極為大宗。王維有「詩佛」之稱，「行到水窮處，坐看雲起時」（〈終南別業〉），詩意空靈，禪境雋永。柳宗元也崇佛，「千山鳥飛絕，萬徑人蹤滅。孤舟蓑笠翁，獨釣寒江雪」（〈江雪〉），寫出天地迴絕，極富禪意的境界。白居易中年皈依佛教，以「香山居士」自許，曾說：「坐倚繩床閒自念，前生應是一詩僧。」詩作近三千首，半數以上有禪理禪趣。蘇東坡受佛教影響更大，結交的名僧遍五家七宗，以雲門和臨濟為主。蘇軾以禪入詩，寫出許多膾炙人口的禪詩佳句，如「溪聲盡是廣長舌，山色無非清淨身」、「橫看成嶺側成峰，遠近高低各不同」等，不勝枚舉。閱讀這些知名文士的禪詩，將更能貼近士大夫與庶民的心靈，彰顯禪宗的影響力是雅俗共賞的。

這本書的構想起於法鼓文化，承聖嚴法師創造人間淨土的教誨，期能為當代人選讀精彩禪詩，為紛亂不安的人心帶來清涼的休歇。個人長年研究佛教文學與古典禪詩，因此義不容辭承擔下來。考慮祖師大德禪法精妙更勝於文人居士，因此本書配合禪宗發展史，分為「祖師禪」、

「分燈禪」與「居士禪」三大範疇，期能完整顯現禪宗史上諸位禪師的精華與智慧，及其普及於歷代文士信仰所產生的涵濡成果。「祖師禪」與「分燈禪」共選詩二十首，主要從歷代禪典中挑選出詩偈，配合禪史公案與個人的禪修體驗加以解讀。禪宗典籍除經典之外，公案語錄最為大宗。產生於晚唐的《祖堂集》，收錄祖師大德詩偈凡三百四十五首，待進入兩宋與明、清，更陸續有《景德傳燈錄》、《古尊宿語錄》、《指月錄》、《續指月錄》、《碧巖錄》、《虛堂集》、《禪林類聚》、《禪宗頌古聯珠集》等語錄、燈錄，禪宗詩偈不計其數，都是本書選錄的來源。「居士禪」則由黃秀珠老師精心挑選唐、宋、元、明、清二十位詩家，再由黃秀珠、吳靜宜兩位老師聯合撰寫。禪詩在歷代詩家和禪客之間薈萃交激，產生吸引文人墨客的禪思，有別於祖師大德的詩偈，能為禪詩增添新的風采。僧人詩偈與文人禪詩，這兩股僧俗合奏的詩偈歌頌，共同成就禪宗史上禪文學與禪文化的奇葩，以及人人心靈可資修養的沃土。

二〇二二年七、八月間，我密集閉關寫作，心靈彷彿回到法鼓山禪堂裡再度打了一次禪七。當年聖嚴師父教導默照禪的苦口婆心，以及孱弱劬勞的身影歷歷在目。法鼓山曾經是我心靈最大的休歇處，本書若能為中華禪法鼓宗盡一點心力，也算稍稍能不愧對師父的教誨。願以此書功德迴向，上報四重恩，下濟三途苦！

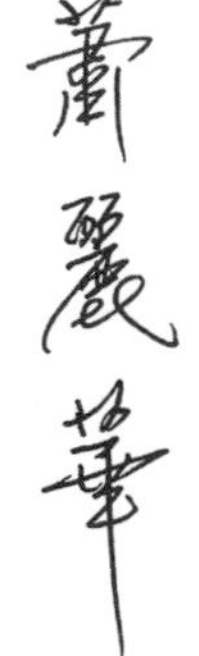

自序二

禪詩禪史話人生

每個人一生中都會遇到各種遭遇和生命起伏，佛教除了高僧大德的傳記外，追尋佛道的在家居士，他們生命中的喜、怒、哀、樂，更是貼近我們的生活，容易引人共鳴。而跟著詩人居士的人物故事，與參禪體驗，希望能讓對禪已經有所認識，又或者感覺自己似懂非懂，甚至還不認識佛法的朋友們，都可以一同用比較輕鬆的方式，來深入佛法世界。透過一位位詩人豐富的人生歷練，盼能讓讀者點燃心燈，學習居士如何面對生命抉擇時的智慧，進而也能夠受到啟發，而更認識自己的自在本性，體悟人生。

或許有人會說自己沒有慧根，沒有宗教信仰，會不會無法明白？本書縱貫禪史的歷史脈絡傳承，從祖師禪詩開始介紹，藉由釋迦牟尼佛〈付法偈〉的開示，開始了以詩傳法的傳統，於是詩偈成為接引文人雅士的最好方法。唐代之後一花開五葉，大部分的人對於分燈禪的差別並不清楚，因此透過介紹五家七宗不同的語言機境，企盼讓每個人尋找容易進入的方法，享受相應的作品。詩與禪都是高度智慧的結晶，更是最容易親近進入的法門。

略過六朝至初唐的詩僧，本書直接從盛唐時期山水田園詩人孟浩然開始，〈題大禹寺義公禪房〉是居士因科考失利，漫遊大禹寺而留下的作品，詩中描述結識了心如蓮花的高僧義公，並以自然山水襯托其光風霽月，讚美習禪的成果。當人生中遇到逆境，不妨效法孟浩然走進禪詩與自然山林，生命中自然會找到新的出路。維摩居士王維，號稱詩佛，他的〈登辨覺寺〉除了描寫寺院勝景，更讓讀者認識修行十個階段，了解詩人如何修禪以領悟禪法的歷程。學習是漸進的，修行路上除了頓悟，也需要生活中不斷地成長與累積，才能讓心思愈來愈澄澈清明。青蓮居士李白，是才情只應天上有的謫仙人，而在晚年遭流放夜郎後，特別到廬山尋訪東晉慧遠所建的東林寺，並以〈廬山東林寺夜懷〉詩，分享禪坐如何讓身心靈進入一種不可思議的境地。

開創點鐵成金的山谷居士黃庭堅以詩文書畫聞名，是宋代居士禪的代表人物，透過吟詩、書畫、焚香、品茶、賞花與嘗食等日常生活，融入靜觀禪坐的體悟，與蘇軾一同開展出遊戲三昧，打造文字禪的新高度，使得宋代士大夫競相追隨，從而形成一股詩、畫、禪合流的文化風尚，而這也正是現今時代的潮流。黃山谷在困境時，透過〈寄黃龍清老〉表達自己對禪道的體會，詩中化用禪宗公案故事，以詩歌濃縮禪史，以「騎驢覓驢」、「非馬喻馬」表明禪宗修行乃要求自修自證、自悟佛道，悟道不能向外覓求。說明悟道如人飲水，在於每個人心中，不能向外求，而需以超然物外之心才能悟道。

在現今紛擾的塵世間，感謝有如此美好的緣分，能夠一同與師長、詩友們一起走進禪詩，並靜下心來，期待透過深入淺出的方式，帶領你我能夠從每一位禪門居士身上學到人生智慧，期盼禪詩能夠洗滌你我的心靈，因為親近禪，讓我們彼此都能找到清涼心，因而開啟菩提智。

吳靜宜

目次

貳　分燈禪詩

參

居士禪詩

附錄

壹

祖師禪詩

釋迦牟尼佛〈付法偈〉

（印度・西元前五六三／四八〇—西元前四八三／四〇〇）

法本法無法，
無法法亦法。
今付無法時，
法法何曾法？

佛教在東漢末年傳入中國，歷經隋、唐時代的發展，逐漸形成了八大宗派：有天台宗、華嚴宗、法相宗、禪宗、淨土宗、真言宗、三論宗、律宗，禪宗是中國佛教八大宗派之一。關於中國禪宗的形成，傳統的說法不外乎是靈山拈花、達摩東渡、一花五葉等，這些在中國的叢林中，已是禪宗史的定論。

不立文字，教外別傳

釋迦牟尼佛是佛教的創始人，被認為是世間最尊貴者，尊稱他為「世尊」。最初，世尊在靈山會上，拈花示眾。當時，大眾都默然，只有迦葉尊者，破顏微笑。世尊說：「我有正法眼藏（即佛法精華），涅槃妙心（即真如本體），實相無相，微妙法門，不立文字，教外別傳，如今要付囑摩訶迦葉。」這是禪史上一段絕妙的公案故事。當時，釋迦牟尼佛的說法深刻入禪，禪味絕妙有味，可在場的僧眾都面面相覷，只有摩訶迦葉尊者會心一笑，贏得釋迦的付託，成了西天禪宗初祖。這段公案就是有名的「靈山拈花」。

於是，世尊到多子塔前，命摩訶迦葉分座而坐，以僧伽梨衣遮圍，告訴他說：「我以正法眼藏密付給你，你要好好護持，不要讓它斷絕。」說完之後，世尊就說了這首〈付法偈〉，以說明禪是無為法，無形無相；世尊說完偈後又告訴摩訶迦葉：「我把金縷僧伽梨衣一併傳付給你，不要讓它朽壞。」從此禪宗以無形無相的禪法和法衣，代代祖師相傳。

為什麼世尊說這個「實相無相」的微妙法門是「不立文字，教外別傳」呢？為什麼世尊要以「僧伽梨衣遮圍」，為摩訶迦葉「密付」禪法呢？又為什麼世尊要把這禪法化為〈付法偈〉與「傳衣鉢」的象徵呢？密付、衣鉢、詩偈是後來禪宗傳燈的三個傳統。

由於世尊的思想，不離禪定解脫，所以他雖然一面說法，教人從「理」上去解悟，但一面也傳禪，教人由「心」上去證道。前者屬於思想言行，後者屬於心性鍛鍊。世尊對大眾傳教，自是偏於前者，可是當他付法給迦葉時，是把教和禪一起傳授的，《大般涅槃經》已說得很明白：「譬如大王，多所統領，若遊巡時，悉以國事付囑大臣，如來亦爾，所有正法，亦以付囑摩訶迦葉。」

因為「教」是靠言語、文字去傳的，而「禪」則必須心性修練，實際去參，所以要「不立文字，教外別傳」。這裡所謂「別傳」，並非另立一派，而是說禪和教不同，是必須個別去傳心的，所以世尊傳授禪，根本也在於教內，只是傳授的方式不同而已。自世尊傳法給迦葉後，迦葉以禪護教，成為堅定不移的苦行僧，號稱「頭陀第一」。迦葉的頭陀行表現出一種融合佛教禪觀與印度瑜珈，只重修行習定，而不談佛法理論的無相密法。

印度禪傳入中國，並非自達摩祖師開始，早在漢末魏晉，便已有禪法的流行。如漢末安世高所譯的大小《十二門經》、《大道地經》、《明度五十計校經》、大小《安般守意經》，都是討論禪法的經典，而當時韓林、皮業、陳慧、支讖、康僧會等人，都以行禪知名。及至西晉，禪法更盛，東來的僧人，都教人習禪，如佛陀跋陀羅門徒數百。至於鳩摩羅什，曾翻譯《首楞嚴經》，是大乘禪。其門下的僧肇、道生，一個主忘言，一個重頓悟，更與以後的禪宗有密切的關係。直到南北朝時，菩提達摩以《楞伽經》教人，傳授一種壁觀的禪法，開創了禪宗楞伽一派的思想。自達摩祖師開始，傳慧可、僧璨、道信，而至弘忍，都是楞伽宗的系統。

禪詩賞析

這則傳法的〈付法偈〉和著名的「拈花微笑」公案，促成禪宗以詩偈傳法的傳統，也發展出叢林中一則則應機的公案。由於禪是無為法、以體驗證道為主，世尊以這無為法付託給摩訶迦葉，雖說是「法」，其實是「無有一法」可言，所以說：「法本法無法，無法法亦法。」又由於世尊傳的是無相密法，除了詩偈和法衣為象徵之外一無所有，所以說：「今付無法時，法法何曾法？」這就是禪，說似一物即不中。

「禪」是梵文「禪那」（dhyāna 的音譯，意譯作「思惟修」，謂運用思惟活動的修持；玄奘則將禪意譯為「靜慮」，有寧靜安詳地思慮之意。《俱舍論》說禪是「寂靜」，《大智度論》則說：「善心一處住不動，是名三昧。」學人入禪，要求心念專一不散亂，這是開發智慧，契入真如的重要手段，也就能止息散亂心念，觀想內在自我的種種貪、瞋、癡，止觀雙運而入禪定，成般若智。

這就是相傳世尊授法給禪宗初祖摩訶迦葉的故事，西天從迦葉初祖開始，傳給阿難是二祖，傳到馬鳴是十二祖，龍樹是十四祖，直到菩提達摩是二十八祖。而後，自達摩到中國後，成為中國禪宗的初祖，再傳給慧可、僧璨、道信、弘忍，直到惠能，便展開了中國禪宗的法統。祖師燈燈相傳時，詩偈這種獨樹一格的禪宗語言，也開展出歷代禪詩的智慧花串。於是，禪史上的禪詩成了中華文化的瑰寶，是禪者生命的明鏡與智慧的雋語。（蕭麗華）

傅翕〈空手把鋤頭〉

（梁・四九七—五六九）

空手把鋤頭，
步行騎水牛。
人從橋上過，
橋流水不流。

為什麼禪學是中國的佛學？為什麼惠能以後禪學完全走出印度禪的系統？此和本詩所樹立的中國禪風有很大的關係。

從禪宗發展史來看，禪思想的發展有兩大系統，一者源自中國老莊思想與早期小乘禪法融合成為格義禪，可以算是中國本土化的禪思；二者源自西天二十八祖達摩祖師東來之後的禪，稱為印度禪，中國本土禪師與西天禪師的交會，就在梁武帝時期。此時期有達摩祖師、寶誌禪師與善慧大士，合稱梁代三大士，中國禪也就是這兩股禪風交會合流而成。

中國禪的開端祖師

本詩的作者善慧大士傅翕，代表中國本土化的禪思想人物。詩風有著小大齊一、反常合道的莊禪特質，以及自然無為、不立法障的本色。本詩雖然短短二十字，有力呈現了禪宗反邏輯、反思維、反教條的風格，在禪宗史上標誌著中國禪的開端。

善慧大士傅翕，字玄風，南北朝梁武帝時人，為著名的佛教居士，人稱傅大士。婺州義烏縣人（今浙江省義烏市），生於南北朝齊明帝建武四年（四九七），卒於陳宣帝太建元年（五六九），世壽七十三歲，著有《善慧大士語錄》四卷、《傅大士頌金剛經》、《傅大士心王銘》。

他歷經齊、梁、陳三朝，神異故事頗多，深得梁武帝的敬仰。

梁武帝普通元年（五二〇），傅大士二十四歲。有一天，他在稽亭塘邊捕魚，來了一位從嵩山而來的頭陀，他是印度人，被人們稱為嵩頭陀。大士向嵩頭陀問修道之地，嵩頭陀指了指松山下的雙壽樹說：「那裡可以！」此後，傅大士就到那裡結庵修行，這就是後來的雙林寺，大士也自號「雙林樹下當來解脫善慧大士」。

松山又名雲黃山，傅大士偕妻子劉妙光在此躬耕而居，過著農禪生活。白天勞作，晚上修學，並以救度眾生為己任。大士種植的蔬果，常有小偷來光顧。大士見了說：「你不必偷盜，你把籃子拿來，我給你裝滿。」於是小偷滿載而歸。他這樣苦行修身七年後，有一天宴坐之際，忽見釋迦、金粟、定光三佛自東方而來。一道金光自天而下，集在大士身上，從此大士身出妙香。大士的靈異神蹟吸引許多鄉里人前來頂禮膜拜，僧尼道俗四眾都也來問訊作禮，大家都認為他是彌勒化身，是十地菩薩。

禪詩賞析

這首詩是傅大士悟道後的名偈，悟道者看這個世界是顛倒夢想、荒謬矛盾的，所以本詩以「矛盾」的語句出現，雖然念起來順口，可是細細一想，每一句話都是矛盾的，禪詩常有這種詩句的表現形式，旨在打破一般人慣性的邏輯思維，停止思考，可以增加生活直覺的洞察力。

這首禪詩一開始的矛盾，就叫人摸不著頭緒。「空手把鋤頭」，空手怎麼把鋤頭呢？既然稱為空手，一定是手上什麼也沒有，鋤頭一定要手拿著才能耕田下地，所以這首詩第一句話就顯出了詩句的矛盾。接著，第二句「步行騎水牛」更是矛盾。既然是步行，怎麼又是騎水牛呢？禪詩一矛盾就成功了，矛盾使人打破習慣思維，生起「疑情」；矛盾可停止向外攀緣的心念，返歸內在本來的心性。此時，「空手」就是放下，「把鋤頭」就是提起，正是《金剛經》所謂「應無所住而生其心」。三、四句「人從橋上過，橋流水不流」，一樣是矛盾法。本該「水流」

的，怎成了「橋流」？這顛倒世界、假假真真，迷人心念奔馳、一橋過一橋，流水般自然的本真，卻因執著而「故步自封」。一旦正反合一、上下一體，心中妄念止歇，世界與非世界統一起來，就進入了「如如不動」的自性。

傅大士這首禪詩是千古絕唱，其中的「祕密」法門，就在禪的特別思路，止息念頭，不思之思，這也是達摩祖師教法。祖師禪法源自世尊當年的祕密法門，簡單說就是「不可思議」四個字。禪宗最深刻的「拈花微笑」就是這個祕法，甚至連「言說」都沒有發生，在靈山會上，釋迦牟尼與迦葉尊者二人，他們的傳承在「一朵花」和「一個微笑」中誕生，禪宗後來「不立文字」的教法，也直接地指出「言語道斷，心行處滅」。以「不可思議」的教法來看，傅大士這首詩完全打破了這個世界的思考邏輯，進入佛法的自性空之中。「空」是佛教根本的教義，「因緣所生法，我說即是空，亦為是假名，亦是中道義」，傅大士此詩的悖反邏輯、反常合道，正好與印度禪的「祕密」法門合一，從此兩股禪法融合為歷代禪師應機接引弟子所著力的「空義」，就是要弟子在生活中出離常道，悟入空性。

誌公和傅大士是同時代人物，達摩祖師到中國的時期也在誌公與傅大士之間。天嘉十年，嵩頭陀入滅時，傅大士感知到了，他集合弟子們說：「跟我同度眾生的人已經回兜率天去了，我也不久住人世。」於是作〈還源詩〉十二章，並交代兒子普建、普成說：「你們要慎護三業，精勤六度，行懺悔法，可免墮三塗！」說完就進入涅槃。

傅大士的〈還源詩〉開章說：「還源去，生死涅槃齊。由心不平等，法性有高低。」又說：「還源去，觸處可幽棲。涅槃生死是，煩惱即菩提。」傅大士回到自性本源去了，涅槃與生死齊一，煩惱與菩提不二。中國本土禪與西天印度禪就如此匯流合一了。

誌公、傅大士等人的中國禪，可稱為中國大乘禪，就如此超脫佛教的形式，詼諧自在，信手拈來地流注入惠能下的禪宗血脈中，開啟唐、宋以後中國禪的禪趣。（蕭麗華）

菩提達摩〈一花開五葉〉

（印度・？—五三六）

吾本來此土，
傳教救迷情。
一花開五葉，
結果自然成。

禪宗是我國眾多佛教宗派中的一支，也是最有生命力的一支。直至今日，禪宗仍是中國佛教的主要流派。這首詩偈是達摩東渡後，預示禪宗法派將開出五宗，枝繁葉茂開花結果。禪宗發展到六祖惠能以後逐漸與中國傳統文化合而為一，禪宗思想因而在歷史上產生廣泛深遠的影響。

禪門初祖，一花開五葉

唐末五代特定的政治歷史與社會環境下，禪宗借助《楞伽經》、《金剛經》、《維摩經》及《大乘起信論》等佛教經典的傳播，結合中國固有的老莊思想與生活態度，提倡心性「本覺」的自力，對應「他力」信仰。從自性中開發，超佛越祖，禪宗風格百花競放，進入一花開五葉的全盛時代。

禪宗史上把初祖達摩、二祖慧可、三祖僧璨、四祖道信、五祖弘忍、六祖惠能的時代統稱為祖師禪時期；惠能以下的五家七宗，稱為分燈禪時期。初祖達摩其實是西天二十八祖，他是南天竺國香至大王的第三子，從西天般若多羅禪師得法。

有一天，般若多羅禪師告訴達摩說：「你已經得到我的法脈了，也不必到很遠的地方傳法，等我滅度後六十七年，可去震旦東土大施法藥。」達摩問說：「我去那個國家行化，那裡有菩薩嗎？」般若多羅禪師說：「那個國家，得道的人多如稻麻竹葦。」於是般若多羅禪師送達摩一首詩讖：「路行跨水復逢羊，獨自恓恓暗渡江。日下可憐雙象馬，兩株嫩桂久昌昌。」詩的意思說，達摩會跨水渡海到東土，從廣州羊城上岸到洛陽，獨自一人往北方去，那裡有誌公和傅大士兩匹龍象、龍馬，「兩株」合字為林、「嫩桂」意思為少、「久」諧音九，暗指達摩將會到少林寺去面壁九年，其後大行禪法。

後來達摩祖師果真泛海東來，南朝梁武帝普通八年（五二七）九月二十一日到廣州上岸，梁武帝親駕車輦來迎接他，升殿供養。此時發生一件有名的公案，梁武帝問達摩：「什麼是聖諦第一義？」達摩答：「廓然無聖。」梁武帝再問：「現在與我對話的人又是誰？」達摩答：「我不認識！」

達摩祖師重視的是實相般若，淨智妙圓，沒有什麼聖不聖的，也不是造寺、鈔經一類的人天小果，不是世間福報功德。梁武帝因此不能契合。當年十月十九日，達摩祖師從梁國渡江到北魏，最後到嵩山少林寺面壁。

當時誌公和尚負責監修高座寺，趕來拜見達摩，問梁武帝說：「我聽說西天高僧到來，現在何處？」梁武帝說：「昨日已送他過江去北魏了。」誌公說：「陛下見到等於不見，遇到等於不遇。」梁武帝驚疑地問：「他是何等人？」誌公說：「此人是傳佛心印的觀音大士。」梁武帝悔恨莫及，派大臣趙光文去追，已經追不回來了。

禪詩賞析

達摩祖師到了洛陽嵩山少林寺岩穴中打坐，有一僧名神光來求法，他每次問祖師，祖師都不說話。太和年間，有一天大雪紛飛，神光在岩穴外站了一整個晚上，雪高及腰。第二天天明，達摩祖師終於開口說：「你在雪中站了一整晚，想要求些什麼？」神光說：「希望和尚開甘露門，廣度群生。」祖師說：「諸佛無上菩提需久遠劫的修行，你的心意尚小，無法求得大法。」神光於是自斷左臂，感動了達摩祖師，祖師幫他改名為「慧可」，傳他法脈。慧可得到了祖師賜給的重要法門，這又是一個有名的公案，慧可請法說：「請您替我安心。」師曰：「把心拿來，我替你安。」慧可進一步說：「我找不到心這個東西。」師曰：「我已經替你把心安好了！」

可見禪宗重要法門就是「安心」二字，心安人生就平安，這也是《般若心經》的總精華。這個心不是肉團心，是靈識心，不生不滅、不增不減。達摩祖師交代慧可說：「我法以心傳心，不立文字。」

慧可開悟後頂禮祖師，親事九年，晝夜不離左右。達摩說：「如來以淨法眼並袈裟付囑大迦葉，輾轉傳到我，我現在要交付給你。」於是說了這首〈一花開五葉〉的付法偈。

這首偈暗示禪宗將在中土大興法脈，燈燈相傳。「一花」是由初祖達摩、二祖慧可、三祖僧璨、四祖道信、五祖弘忍到六祖惠能，一脈相傳的祖師禪血脈；「五葉」是禪宗的「五家七宗」，主要出於石頭、洪州二宗。溈仰、臨濟二宗出於洪州道一門下，曹洞、雲門、法眼皆出於石頭希遷門下，總和成為溈仰、臨濟、曹洞、雲門、法眼五宗，加上臨濟宗分出的黃龍、楊岐二派，統稱之為「五家七宗」。禪宗於是結合了誌公和傅大士兩匹象、馬的禪法，在中土化導群品，不思善不思惡，不拋迷而就悟，以心傳心引導娑婆世界眾生到今日。（蕭麗華）

僧璨〈信心銘〉（節選）

（隋・？—六〇六）

圓同太虛，無欠無餘；
良由取捨，所以不如。
莫逐有緣，勿住空忍；
一種平懷，泯然自盡。

禪宗的傳法，在《五燈會元》的記載中明白指出：「吾有正法眼藏，涅槃妙心，實相無相，微妙法門，不立文字，教外別傳，付囑摩訶迦葉。」一脈相承的禪師傳承，一開始記載的文字，就是以詩偈的方式所出現「心」法。

明心見性，以心印心

從釋迦牟尼佛傳給摩訶迦葉的「涅槃妙心」到初祖達摩「廓然無聖」的心，再到二祖慧可「豁然自覺」的心，都是禪宗祖師心法的傳遞。影響到後來一花開五葉的禪宗宗風，每一句師徒對話，都是「以心印心」的「偈語」，祖師們也就留下一首又一首的詩偈。於是，「詩偈」成為禪宗弟子「明心見性」的根據。

例如三祖僧璨曾作〈信心銘〉，《六祖壇經》記載神秀禪師與六祖惠能禪師的四句偈是「開悟詩」，永嘉禪師作〈證道歌〉等，都是禪宗傳心法的詩作。因著禪心的感悟，禪詩文字或樸素或俚俗，常常以一種「直覺」的心境裸露現前，能予人深入淺出的感悟，符合禪宗「以心傳心」的功能。

僧璨是禪宗三十祖，中土的三祖。《寶林傳》卷八收有房琯為僧璨大師所做的碑文，記載三祖得法於二祖的因緣以及二人偕隱皖公山以避北周武帝之難的故事。三祖僧璨來參二祖時已經年逾四十了。故事發生在東魏孝靜帝天平年間，僧璨以居士身來禮二祖慧可，見面完全不說姓名，只說：「弟子身患風疾，請和尚為弟子懺悔。」二祖說：「汝將罪來，為汝懺悔。」僧璨以「懺悔」求解脫，經二祖慧可接引，教他自證其心，終於傳承禪門禪法。二祖發現僧璨是真法器以後，便親自為他剃度，並賜以「僧璨」的法號。這一年的三月十八日僧璨到光福寺受具足戒，隨後就一直侍覲在二祖身邊，時間經過二年，二祖慧可大師才付法及傳授衣缽。悟法之後，兩位祖師便攜手隱皖公山，直到了隋開皇十二年（五九二）三祖才開堂說法。

禪宗初期的禪法力量都是來自隱修岩穴的高僧，三祖的隱，隱得很徹底，正好時值東魏、北周的南北朝戰亂時期，直到大隋興起，三祖的隱，一直如《祖堂集》所說的：「不知何許人，不得姓字。」乃至道宣律師的《續高僧傳》和贊寧律師的《宋高僧傳》中，都無專門的記載。從盛唐時北宗淨覺禪師所撰的《楞伽師資記》，中唐蜀內保唐宗人所撰的《曆代法寶記》和南宗智矩禪師所撰的《寶林傳》，直到五代時的《祖堂集》和北宋時的《景德傳燈錄》，有關三祖的記載仍是如「神龍見首不見尾」。《楞伽師資記》記載：「粲（璨）禪師隱思（司）空山，蕭然淨坐，不出文記，祕不傳法，唯僧道信，奉事粲十二年。」由此可見，在這漫長十餘年的隱居期間，僧璨只收了道信一位弟子。

禪詩賞析

三祖大師的事蹟雖然不可考，但他的教化則是無窮的，這首〈信心銘〉就是三祖僧璨的傳世名作，記載了禪宗初期的思想。禪宗初期從初祖、二祖到三祖，主要是在如來自性上體會「無生」法門，二祖告訴三祖說：「是心是佛，是心是法，法佛無二。」自心了無分別，自然不生不滅，心、佛、眾生等無差別。

〈信心銘〉長達五百八十四個字，以詩偈形式呈現，開頭第一句話就說：「至道無難，唯嫌揀擇，但莫憎愛，洞然明白。」禪宗是圓頓大教，更獨標「教外別傳，不立文字，直指人心，頓悟成佛」，在圓頓的基礎上特別突出「頓」。頓與漸在修行中的差別是顯而易見的，漸則有能所、有淨染、有因果、有次第；頓則一切具足，個個圓成，學人無絲毫可取捨、可建立處，立處皆真，當下便是，所以說「至道無難」。求道之人了解這十六字，不起分別心，不揀擇，對生命的起落、順逆、成敗沒有愛憎，也就信心不二、圓成智慧了。

〈信心銘〉文字淺近，稍通文墨的人都能領會其中意趣而獲益，因為它是禪宗的無上心法，是指導學人實修實證的心地法門和念頭工夫，圓融博大、機蘊無窮，不僅可做禪宗的向上接引，也可做為止觀法門的重要修觀方法，即使是一般初入佛門的人，若勤加背誦體會，也可強化自身的覺照能力。你看這法門「圓同太虛，無欠無餘；良由取捨，所以不如」。一切眾生本覺真性，無欠無餘，圓滿具足，只要此心不揀擇、不取捨，從自心現量中流出的智慧自然圓滿。揀擇、憎愛、違順等等，都是世人的普遍心理狀態，三祖說我們要「莫逐有緣，勿住空忍；一種平懷，泯然自盡」。學人要相信自心本覺的力量，不要追逐生滅起落的外緣，也不要耽溺在空無所有的境界。至道是無為法而非有為法，無需在法上有所增減損益，保持一種平懷的平常心，也就心如太虛，廓然蕩豁。這就是二祖見達摩祖師，求得的「安心」法門。安心就是平懷，平懷就是安心。

三祖僧璨隱於青山翠谷中做自由人，享受自我與天地合一的逍遙適性，在禪門中這是離開禍福生滅的世間，能泯除相對起落的有為法，回歸安心平懷的無為法，也就是解脫自在的自由人。後來三祖度化四祖就是用此解脫法。

《寶林傳》卷八記載一則故事：四祖道信年十四來禮敬三祖，求解脫法門，三祖問：「誰綁了你？」道信說：「沒人綁我。」三祖說：「既然沒人綁你，就是解脫了。」三祖給四祖道信的傳法偈為：「花種雖因地，從地種花生。若無人下種，花種盡無生。」如同當年二祖給三祖的傳法偈：「本來緣有地，因地種花生。本來無有種，花亦不能生。」一樣，都是在自性的因地上耕耘，以無生的不二法門，解脫束縛，達到自信本心，自由自在的境界。這正是〈信心銘〉的本旨，〈信心銘〉與歷代禪宗詩偈都是尋求自心解脫的禪詩。（蕭麗華）

弘忍〈有情來下種〉

（隋唐・六〇二—六七五）

有情來下種，
因地果還生。
無情既無種，
無性亦無生。

從達摩東渡到六祖分燈，這一時期是中國禪宗的發育期。達摩早期弘傳的禪法主要是《楞伽經》禪法，重視「佛性本具」的禪修。《寶林傳》卷八記載著，達摩曰：「如來以大法眼付囑迦葉，如是展轉乃至於我。我今將此正法眼藏，付囑於汝；以此袈裟，吾用為信。汝受吾教，聽吾偈言：『吾本來茲土，傳教救迷情；一花開五葉，結果自然成。』」

這是達摩祖師付囑二祖慧可時說的一段話。有情眾生，因迷失本具的佛性而苦惱，正是祖師燈燈相傳的任務。《寶林傳》卷八同時記載著；「爾時達摩告可曰：『吾以《楞伽經》四卷，用明佛性。』」這就是達摩祖師付囑《楞伽經》一事的記載。達摩不僅以《楞伽經》為教法，也傳授具體的安心修行法門——大乘壁觀禪法，佛性論如來種子和安心壁觀禪法，從此成為祖師禪的重要核心。

達摩的禪法既有教理的標準，又有行持的準則，也就是所謂的「藉教悟宗」。在道宣律師《續高僧傳》的「菩提達摩傳」說：「深信含生同一真性，客塵障故，令捨偽歸真。」這一思想，很明顯地接受了自道生以來的佛性思想影響。由此可見，佛性本具的思想，確定了「人人皆可成佛」的理論，開啟了禪宗自覺自證的行持路線。自二祖以後，四祖道信與五祖弘忍之間都是奉此佛性論的《楞伽經》教理。

五祖大開東山法門啟佛性

在四祖接引五祖弘忍時，流傳著一段「姓」氏的對話，就是佛性論的讖語。

五祖弘忍，俗姓周，黃梅人，原先是個栽松道人。某日他遇上四祖道信後問說：「我能夠聽你說法嗎？」四祖回答說：「你已經老了，即使得法，以後也沒有時間去幫助更多人，除非你再來，我等著你。」栽松道人就離開四祖走到河邊，見一洗衣女子問說：「我可以借宿一宿嗎？」得到女子的應允後就投胎到洗衣少女的肚裡。幾個月後，少女生下孩子，為了免於遭人恥笑，一度把孩子扔進一條水溝裡。這個投胎再來的小孩終究大難不死，轉眼間便長到了七歲。有一天，母親帶著他沿路乞討間遇到一位出家人，這位出家人就是四祖道信。四祖仔細地端詳了一下這個孩子，發現這孩子骨相奇特，感嘆道：「這不是個平常的孩子，如果他出家修道，二十年後，他必定會大作佛事，繼承佛法慧命當眾生的依止。」於是便問小孩：「你是什麼姓？」小孩說：「是佛性。」四祖又問：「你難道沒有姓嗎？」小孩說：「性空，故無。」四祖聽了當下了知因緣，確知這孩子是個法器，於是請求孩子的母親答應讓這個孩子出家。孩子的母親也明白這孩子的身世，以及發生在他上的許多怪事，於是痛快地答應了四祖的請求，把孩子捨給四祖做弟子。四祖於是給他起了法號「弘忍」。

弘忍禪師性格內向，少言寡語，寬忍柔和。日常生活中，心心在道，行住坐臥，起心動念，無時無處不處在覺照當中。他悟性高又精進不懈，加上四祖經常開示頓悟要旨，使他的道行很快地進入了爐火純青的境界。終於，因緣成熟時，四祖把他的法衣傳付給弘忍禪師，並留下一首關乎佛性的傳法偈：「花種有生性，因地花性生。大緣與性合，當生不生生。」此偈是說，人皆有佛性，此佛性為蓮花種子，在適當的機緣土壤下能生生不息地開花結果。因緣與自性相合，就能花開悟無生，了悟不生不滅的本來面目。弘忍禪師得法之後，大開東山法門，四方請益，月逾千計。

早期禪宗奉行《楞伽經》的佛性論，至此有了明顯的軌跡。雖然五祖弘忍後來轉向《金剛經》的般若教法，但是他所做的《最上乘論》還是強調佛性：「一切萬法不出自心，……若能自識本心，念念磨鍊莫住者，即自見佛性也。」從端坐守心、念念不住，到自見佛性，完全是坐禪冥心的修練方式。自識本心，也就是自見佛性。

禪詩賞析

五祖弘忍這首傳法偈，是在佛性論的背景下產生的。五祖門下十大弟子，根據《曆代法寶記》的記載有十位，分別是：神秀、智詵、智德、玄赜、老安、法如、惠藏、玄約、劉王薄與惠能；根據《圓覺經大疏鈔》中所載也有十位，只是人名略有出入：神秀、法如、通、智詵、義方、慧藏、顯、覺、老安、惠能。東山門下確實產生南能北秀的眾家高僧，東山法門以後的弟子，基本上都是以多頭弘化的方式出現，而其始功都在弘忍這裡。

《六祖壇經》記載到五祖弘忍傳法給六祖惠能時，就說了這首詩偈：「有情來下種，因地果還生。無情既無種，無性亦無生。」人之所以尊貴，因其為有情眾生，有如來佛性的種子。有情識的眾生，有此不生不滅的佛種，機緣成熟自能開悟，沒有情識的器世間萬物，就沒有佛種、沒有佛性，談什麼「無生」呢？我們八識田中的種子很多，大多是生滅起落的，唯有佛性種子是不生不滅的——頓悟自心這不生不滅的種子，就是契悟到本來清淨、本無動搖的「我」，將來自能在有情眾生的心田播下佛種。「有情來下種」更上一層，就是「覺有情」，教導有情眾生佛法，使其能啟發自己的佛性，了解世間紛擾煩憂的真相，其實都是自我妄心所呈現的一種假相，當心識漸漸明朗，摒除妄心執著，即能明心見性，脫離苦海。

六祖惠能在「三更受法，人盡不知」的情況下，得到此大乘頓教法門，五祖還特別叮嚀他：「善自護念，廣度有情，流布將來，無令斷絕！」什麼是「善自護念」？就是要我們好好守護自心，不讓外緣侵犯，內心常生智慧，這就是真正的護念。能護念自心就能為眾生種福田，教導眾生佛法，在眾生的福田中播下佛法的種子，讓眾生都能啟發自己的佛性。這也就是本偈的真諦。（蕭麗華）

惠能〈示法偈〉

（唐・六三八－七一三）

菩提本無樹，
明鏡亦非台。
本來無一物，
何處惹塵埃？

五祖弘忍禪師成功之處，在於他的東山法門造就一批禪門領袖人物，也就是他的十大弟子，這使得東山法門在禪宗史上開出多頭弘布的新氣象。其中的「南能北秀」，南宗禪的惠能成就了禪宗史上的新局面。從他那曹溪流出的南宗一脈法水，到中唐以後便成了天下叢林的主流。

北神秀南惠能的南頓北漸時代

《楞伽師資記》記載弘忍曾說：「如吾一生，教人無數，好者並亡，後傳吾道者，只可十耳。我與神秀論《楞伽經》，玄理暢快，必多利益。資州智詵、白松山劉主簿，兼有文性；莘州惠藏、隋州玄約，憶不見之；嵩山老安，深有道行；潞州法如、韶州惠能、揚州高麗僧智德，此並堪為人師；但一方人物，越州義方，仍便講說。」弘忍禪師細數著他這十大弟子的特色，如今文獻可考的只有潞州法如（六三八—六八九）、玉泉神秀（約六〇五—七〇六）、嵩山老安（五八二—七〇九）、安州玄賾（生寂不詳）、資州智詵（六〇九—七〇二）與韶州惠能（六三八—七一三）。

以上六大弟子中，又以神秀與惠能的弘教最為成功。玉泉神秀是將東山法門弘傳到京師帝都，並使禪宗在京師紮根，從而得到最高統治者認可的大德。由於神秀與其弟子普寂與義福等人，均得到了李唐天子的重視與禮遇，禪門中的北宗也因此形成。

在後世以南宗禪為主的文獻中，神秀一直被當作惠能的配角。特別在神會的〈菩提達摩南宗定是非論〉之後，南宗禪的呼聲才凸顯出來。《六祖壇經》是南宗禪聖典，內含六祖每一個不同應機接物的故事，處處有不露痕跡的接引與傳承。他直赴東山參訪五祖弘忍大師處求道的一段公案，更富啟示。

當時，五祖弘忍開門見山問他：「你從哪裡來？」接著又說：「你從嶺南來，那是沒有文化的獦獠之地！」一句句話語如刀，剖問到自性核心，惠能四兩撥千斤地回答，他說：「地分南北，佛性不分南北！」一句話真成了千古絕唱。

禪詩賞析

惠能在五祖弘忍禪師的道場舂米八個月。某天，弘忍禪師讓弟子們呈偈示道，神秀寫下：「身是菩提樹，心如明鏡台。時時勤拂拭，勿使惹塵埃。」意思是說：眾生的身體就是一棵覺悟的智慧樹，眾生的心靈就像一座明亮的鏡台。要時時不斷地擦拭它，不讓它被塵垢汙染障蔽了光明的本性。這首詩偈和惠能的示法偈並稱，並被做為禪宗北宗宗旨的標誌。

惠能讀過神秀的偈之後，也託人寫了一首偈：「菩提本無樹，明鏡亦非台。本來無一物，何處惹塵埃？」意思是說：菩提原本就沒有樹，明亮的鏡子也並不是台；本來就是虛無一物，哪裡會染上什麼塵埃？此詩明顯與神秀的偈形成對照，看似反駁神秀的觀點，其實是惠能頓悟宗旨的呈現。

北宗禪主張漸修，從詩意看來，神秀肯定身為菩提樹，心如明鏡台，這是傾向於萬法實有、萬象不虛的佛性觀。這一點就和惠能萬法皆空的觀點對立；神秀又主張心如明鏡，本自光明，想要保持其明潔性體，則要常加拂拭，使其不被塵垢汙染障蔽。所謂勤拂拭即常常修行，這正是漸修的主張。惠能的偈說「菩提本無樹，明鏡亦非台」，即是主張萬法皆空，不存在做為主體的菩提樹與明鏡台，也不存在萬法客體，主客合一時就是本無一物的自性，自性即佛，自性本自清淨，無垢無染，不生不滅。既然如此，又何須用漸修的工夫去擦拭塵埃呢？

惠能禪師在東山得法以後，秉承弘忍禪師「物忌獨賢，人惡出己」的囑咐，雜居在獵人隊間，〈別傳〉謂惠能禪師得法於東山後，南歸曹溪，「猶被人尋逐，便於廣州四會、懷集兩縣界避難，經於五年。」這是五年避難之說，惠能為什麼要避難？可能是為了逃避官方對私度僧人的搜捕，或者是五祖衣缽爭奪的問題？總之，尚難定論。但他在廣州遇到印宗法師，終究以一則「風動幡動」的公案而名震一時。

這則公案說，有一天印宗法師正講經，強風猛烈吹動寺外的經幡，法師問：「風動也，幡動也？」兩個小沙彌爭論起來，一個說是風動，一個說是幡動，請印宗法師做為講主加以明斷，印宗法師請惠能行者斷，行者說：「不是風動，不是幡動。是仁者自心動。」惠能因此得到印宗法師認可而出家受具足戒。惠能在受戒後的第二年便回到了曹溪，開始了他弘傳禪法的慧業，度過了四十多年的弘教生涯。惠能的門人很多，有法海、志誠、法達、智常、智通、志徹、志道、法珍、法如、神會等，號稱十大弟子，見錄《六祖壇經．付囑品》中。

從南宗禪的角度來說，惠能大師是中國禪宗的主要開創人，開創了「直指人心見性成佛」的頓悟法門，使得禪宗在中華大地上結出豐碩的果實，成為中國佛教歷朝歷代綿亙不斷的主流。中國禪思想到了惠能大師，除了以《楞伽經》的如來藏佛性論之外，又加上了《金剛經》的般若思想。他的法門以「無念、無住、無相」的三無法門為核心，從此禪法走入活生生的現實生活中。這首詩偈就是無字訣的展現。

惠能祖師雖然不識字，但是，由他的門人法海所記錄下來的他在韶州大梵寺開堂說法的內容，今《六祖壇經》的主體部分，成了禪宗流傳至今的寶貴文獻。《壇經》中保留著六祖惠能依般若而立空宗、依涅槃而立自性的思想，以及精闢的禪學理論。本詩偈雖短，卻是一窺曹溪法乳的入處。（蕭麗華）

貳

分燈禪詩

〔牛頭宗〕牛頭法融〈心銘〉（節選）

（唐・五九四—六五七）

念起念滅，前後無別。
後念不生，前念自絕。
三世無物，無心無佛。
眾生無心，依無心出。

禪宗發展到六祖惠能之後，祖師禪大抵確立。惠能之後，北方有神會和尚大張旗鼓宣傳「荷澤禪」，南方地區的禪僧則進入一個活躍時期，師資相承，形成許多富有特色的禪宗派系。其中對禪宗思想史產生深遠影響的有「牛頭禪」和「洪州禪」。

四祖道信旁出的牛頭禪

牛頭禪，相傳是四祖道信的旁出弟子法融（五九四—六五七）所建立，最早提到道信別傳法融的，是唐代李華所撰〈潤州鶴林寺故徑山大師碑銘〉，「信門人達者曰融大師，居牛頭山，得自然智慧。」李華碑銘是在法融入滅後一百年左右寫成的。後七十餘年（八二九）又有劉禹錫撰寫〈牛頭山第一祖融大師新塔記〉，具體提出道信傳法於法融的事實。依道宣所撰〈法融傳〉，法融俗姓韋，潤州延陵人（今江蘇省丹陽市）。十九歲從茅山（今江蘇省句容市）三論學者炅法師出家，十二年後，移住牛頭山佛窟寺。他在山中空林間凝心宴默，二十年專精，於是進入大妙門。貞觀十七年（六四三），法融在牛頭山幽栖寺北岩下別立禪室，望風來從者百餘人。永徽三年（六五二），受當地宰官邀請，在建初寺（寺在今南京）講大品《般若經》，聽眾一千餘人。

從上述可知，法融精通《般若經》和三論學，通儒家及老莊道家之學，但他不以文字義學為目的，宴默禪居，二十年凝心自證。這是一位禪教並重，而更側重於禪悟的高僧；他的修學與弘法活動，表現為山林佛教恬淡樸素的特色。

法融在〈絕觀論〉中，提出一個根本觀點：「虛空為道本，森羅為法用。」把「道」視為佛法的根本，而這個「道」等同於「虛空」。〈絕觀論〉又說：「夫大道沖虛幽寂，不可以心會，不可以言宣。」這就是說「道」是不落言詮、不可思議的精神本體。法融因多年窮究般若之教，已悟諸法的本質都是空性，所以從般若性空的角度加以論述，立「本無」以弘揚中道的不二法門。

禪詩賞析

法融〈心銘〉以四言體寫成，長達一百九十八句，七百九十二個字，是一首篇幅較長的禪理詩，各種禪宗文獻都沒注意到這首詩偈，只見錄於《景德傳燈錄》卷三十，清朝才被收入《全唐文》卷九〇八。在某種意義上，此詩偈與三祖僧璨的〈信心銘〉有異曲同工之妙，被視為姊妹作。印順導師《中國禪宗史》說：「現存的《心銘》與《信心銘》，可說是姊妹篇。思想相近，所說的問題相近，類似的句子也不少。」

禪理詩難寫，祖師大德卻不得不寫，畢竟學人所參究的是生死大事，祖師有示法之責。所以，這也是一首示法詩。禪的修持用心在念頭，祖師的大道則直接體現在心。這首詩正好寫的是「念」與「心」。

如果把〈心銘〉分段來閱讀，可分為十二段，其中的第三段說：「目前無物，無物宛然。不勞智鑒，體自虛玄。念起念滅，前後無別。後念不生，前念自絕。三世無物，無心無佛。眾生無心，依無心出。分別凡聖，煩惱轉盛。計較乖常，求真背正。雙泯對治，湛然明淨。」本次所選詩偈正好包在中間，我們閱讀須從前後文來看。前四句說，當禪者達到「目前無物」，進入玄虛的本體時，此「心」圓如太虛，無「念」、無「生」、無「滅」、無「心」、無「佛」，顯然這段詩偈仍屬般若空觀之下，不生不滅，色空不二的法門；是凡聖不二，對治雙泯，深契中道的方法。

牛頭法融另有〈用心時〉詩偈可與此詩相應：「恰恰用心時，恰恰無心用。曲譚名相勞，直說無繁重。無心恰恰用，常用恰恰無。今說無心處，不與有心殊。」一般人都將它視為打啞謎的迴文詩，但對修行者而言，卻是值得再三推敲觀照，對修行能有莫大指引的口訣，其中隱含著生命轉換的祕密。用心於無心處，無心與有心不二，都是當下即是，明心見性。

禪宗在南方的開展，基本上受到政治條件、地理環境、傳統思想、地區佛學等影響而紛歧，但總體上它仍然遵循著般若空觀的基本法則。南方禪學從東晉開始，特別著重般若性空之學，般若學與玄學有相似之處，法融〈絕觀論〉說「虛空為道本」、「大道沖虛幽寂」，〈心銘〉說「不勞智鑒，體自虛玄」。這種觀點既是般若性空的表述，又與《老子》的「道」與玄學「以無為本」的觀點相通，形成南方禪宗的一大特色。禪與老莊合流，使禪宗在當時佛教界一枝獨秀，最終統一於曹溪門下，形成燈燈相傳，緜亙到今日仍盛行不衰的佛法宗派。

綜上所述，牛頭禪與同時代南方禪系的路數雖有不同，但基本上共同走著一條適合南方社會需要的發展路線，用老莊思想和東晉南朝的玄學，對印度佛學重新加以認識，使中國禪學在惠能頓悟說的基礎上向前發展，牛頭禪在這方面有著重要貢獻。禪宗的完整形象是在惠能以後形成，一花開五葉，五家七宗大放異彩，各家法門固然紛歧，但都有著共同的特徵：個性化、自由化、庶民化、主客一元化，以及離言說、多姿態、變幻莫測的心法。這些特徵，很大程度上受到道家學說和玄學思想的影響，因此構成禪宗的中國化。牛頭禪在此起步很早，對南方禪學有特殊意義。

法融儘管講禪和注重禪定修行，但也傳承講授三論宗，熱衷講解經論。宗密在《中華傳心地禪門師資承襲圖》中，認為牛頭宗頓漸兼半，洪州宗偏於頓悟，都還不徹底。由此也凸顯南宗禪在分燈前，對祖師禪的紹述與辨析。不過，宗密在《禪源諸詮集都序》中，卻也覺得法融「已悟諸法本空，迷情妄執」，是《般若經》性空的展現。在這方面，印順導師也給予牛頭禪高度評價，說：「中華禪的根源，中華禪的建立者，是牛頭。」由此可以得知，在禪宗史的發展上，牛頭禪與後來的洪州禪，是惠能創立中華禪的決定性因子。（蕭麗華）

〔洪州宗〕南嶽懷讓〈心地含諸種〉

（唐・六七七—七四四）

心地含諸種，
遇澤悉皆萌。
三昧花無相，
何壞復何成？

曹溪禪法經過門人的多方弘化之後，智慧傳播大江南北。「一花開五葉，結果自然成」的發展，主要在江西和湖南一代開創出「南嶽」與「青原」兩系，經過南嶽懷讓和青原行思的弘傳，到他們的第二代馬祖道一與石頭希遷之後，法門大啟，馬祖道一駐錫江西洪州所形成的洪州宗與石頭希遷駐錫湖南所形成的石頭宗，為禪宗走出精彩的大道。禪客會聚江西、湖南兩地而互相串走的修學盛況，也讓「走江湖」一詞流傳後世。

救苦觀音傳法燈

南嶽懷讓禪師俗姓杜，金州安康人（今陝西省安康市漢陰縣），據《宋高僧傳》卷九記載，懷讓十歲便好念佛書，弱冠遊荊州南玉泉寺，依弘景律師剃髮受具，修習律藏。有一天，懷讓感嘆地說，出家人所學的無為法，無論是在天上或是人間，都是至高無上、無可比擬的，就如同《法華經》所比喻的，眾生必須通過苦、集、滅、道的四條衢道，出離眾苦聚集的三界火宅，才能到達清涼的露地，安然而坐。此時有一位坦然禪師便勸他到嵩山去找慧安禪師，懷讓禪師見到慧安禪師後，經慧安啟發，就去了曹溪惠能門下參學。

懷讓參學於六祖惠能的機緣語，頗有特色。《景德傳燈錄》記載，六祖問懷讓從哪裡來。懷讓回答：「我從嵩山來禮拜您。」六祖再問：「那麼，『你』是什麼？又是怎麼來的？」懷讓答：「說似一物即不中。」「說似一物即不中」的白話就是：「說是什麼都不對！」禪者悟道是任何語言文字都無法代表的，所以說「說似一物即不中」。

事實上，這段公案用了縮時法，懷讓初參六祖時，面對六祖的問機，其實花了八年才了悟「說似一物即不中」。惠能得此馬上追問：「那還需不需要加以修證呢？」懷讓禪師回答：「修證即不無，汙染即不得。」這段機辯語言，道出佛性本自清淨，不假修證，但莫汙染的特性，也成了懷讓禪師證道的印可。懷讓禪師隨侍六祖惠能十五年才離開曹溪。《宋高僧傳》說懷讓離開曹溪後，來到衡嶽般若寺居止於觀音台，並因為幫助僧玄至解脫拘刑之難而聲名大噪，人稱「救苦觀音」。

懷讓禪師在南嶽弘法，大約二十多年，於天寶三年（七四四）圓寂。唐敬宗時，追諡他為「大慧禪師」，塔號「最勝輪」。懷讓弟子將他的法語，編錄成《南嶽大慧禪師語錄》，通行於世。六祖惠能曾對懷讓說：「西天二十七祖般若多羅尊者曾預言，在你門下將出一馬駒，踏殺天下人。」事後證明，懷讓座下果真出了馬祖道一禪師，在江西洪洲大弘禪法，並從馬祖座下開展出臨濟宗和溈仰宗二大法系，這不僅使懷讓的禪法光大於世，也使曹溪頓教成為天下禪法正宗。

《景德傳燈錄》記載懷讓接引馬祖的機緣，有一段公案：懷讓在馬祖道一打坐時，拿一塊磚在他面前磨來磨去。讓馬祖不禁好奇問他在做什麼。懷讓答：「磨磚成鏡。」馬祖驚訝地說：「磚頭怎麼可能磨成鏡子？」懷讓趁機提點：「既然磨磚不可能成鏡，光是打坐又怎麼可能成佛呢？」

馬祖心頭為之一震，連忙問道：「那我該怎麼辦？」懷讓則反問：「如果有一輛牛車停止不動，你是該打牛還是打車？」馬祖無言以對。懷讓接著說：「你坐禪是為了學禪，還是學佛？如果是學禪，不管你怎麼坐、臥，那都不是禪。如果是學佛，佛並沒有固定的樣子可以讓人學。想要到達無住的境界，就不該有取捨分別的概念。想要光靠打坐成佛，佛就已經被你殺了。執著在打坐上，是無法真正有所體悟的。」

馬祖一聽，醍醐灌頂，馬上禮拜懷讓並請教：「該怎麼用心，才能體驗無相三昧？」懷讓開示：「你學心地法門，就像播下種子，這是因；當我為你揭示法的要義，則如同從天而降的雨露，這是緣。因與緣配合，應該就能見道了。」懷讓的開示，體現了六祖禪教的精華無形無相，禪定不需拘執於坐相，心地法門是「無相三昧」。這段「磨磚作鏡」、「打牛打車」的譬喻非常有名，今天的南嶽山上仍有磨鏡台遺址，可見禪文化如何深植人心。

禪詩賞析

這首詩偈說：「心地含諸種，遇澤悉皆萌。三昧花無相，何壞復何成？」正好與上述公案相映，說明是心即佛，含諸佛種子，遇到祖師法要，如遇到天然的水澤，佛性種子即可萌芽開花，此花為「無相三昧」花，不壞不成，不生不滅。

胡適認為古本《六祖壇經》中，惠能臨終前列舉的十大弟子並沒有懷讓，因此懷疑懷讓是否出於曹溪門下？從這首詩偈就可以證明懷讓的「無相三昧」花，與六祖的無相法門一脈相承。呂澄先生根據六祖預先授記「（懷讓）門下將出一馬駒，踏殺天下人」認為曹溪門下不只十人，考察《景德傳燈錄》卷五和《傳法正宗記》卷七，惠能法嗣四十三人，其中有青原行思、南嶽懷讓和溫州永嘉玄覺；印順導師更補證，六祖入滅時懷讓並不在場；圭峰宗密也承認懷讓受學於六祖惠能的事實，他說：「南嶽觀音台讓和尚，是六祖弟子。」

我們或可從禪法思想上來了解，懷讓的「見道」法門，是通過心地入「無相三昧」，這樣的禪思想，與惠能的「見性」說，以及〈無相頌〉是相通的。只是懷讓離開曹溪後曾入武當山十年，受道教玄虛沖寂思想的影響，隱居潛修，後來在南嶽觀音台上也持續居山修道，直到晚年禪法成熟，弟子望風來參，出了馬祖道一這匹名駒，才讓懷讓在禪宗史上產生最大的貢獻。

懷讓禪師得六祖的印可後，居於湖南般若寺，接引學人三十餘年，大振南嶽禪風，門下有嗣法弟子九人，其中以馬祖道一為上首。馬祖道一之後又傳百餘弟子，以百丈懷海、南泉普願、西堂智藏、大梅法常、章敬懷暉、大珠慧海、龐蘊、佛光如滿等人，被推重為禪林尊宿。這使得原本興榮於華中一帶的南嶽系統，又發展至北方，而形成我國禪宗系譜中最興盛的臨濟宗。懷讓弘揚本宗，大開法門，他隱居的「觀音台」傳百千燈，至今仍是禪宗史上的最勝輪。（蕭麗華）

〔溈仰宗〕

仰山慧寂〈付法偈〉

（唐・八〇七―八八三）

一二二三子，
平目復仰視。
兩口一無舌，
此是吾宗旨。

晚唐五代時所形成的溈仰、臨濟、曹洞、雲門、法眼等，五個各具特色的禪宗宗派，就是禪宗史上所謂的五家，因為都是直承惠能南宗禪發展而來，所以被稱為「五祖分燈」。五家的禪學思想雖相差無幾，但宗風各異，接引學人的方法也不同。如：溈仰宗「方圓默契、體用雙彰」；

臨濟宗「機鋒峻烈、五逆聞雷」；曹洞宗「綿密回互、妙用親切」；雲門宗「紅旗閃爍、孤危險峻」；法眼宗「聞聲悟道、見色明心」等，饒富趣味，在中國文化史上極具影響力。

溈仰宗的無舌人

溈山靈祐與仰山慧寂共同創立溈仰宗。在靈祐眾多弟子間，他與慧寂的關係最為密切，史書中常以父子相稱，顯見溈仰宗有「父子一家」循循善誘的深邃默契。《五家宗旨纂要》說：「溈仰宗風，父子一家，師資唱和，語默不露，明暗交馳，體用雙彰。無舌人為宗，圓相明之。」「圓相」是溈山與仰山之間不用語言文字而用方圓圖像的溝通方式，是禪境圓圖的象徵。溈山也明確說過：「父母所生口，終不為子說。」說明溈仰宗的禪法以不說破為原則，不同於臨濟宗的「大機大用」，溈仰宗主張「深機深用」，重視以禪心為根本，做個不假語言的無舌人，自心內證而頓悟。

仰山慧寂俗姓葉，韶州湞昌人（今廣州省南雄市）。年少時，有意出家而父母不許，後自斷二指以誓求法之心。十七歲終於獲得父母同意，離開雙親至惠能生前所住的南華寺，依通禪師出家。翌年受戒為沙彌，後以沙彌參南陽慧忠的弟子耽源真應禪師，數年間已悟禪宗大旨。

有一天，耽源將慧忠國師所傳的九十六圓相給了仰山，仰山一覽便燒掉。過幾天，耽源謂問仰山：「九十六圓相，乃是忠國師從上祖傳下來的，你須好好保存。」仰山說：「我已經燒掉了！」耽源問為什麼要燒掉？仰山說：「用得上就可以了，不必拘執那些圖相！如果必要，我可以重新繪製。」於是就重繪一份呈給耽源。第二天耽源上堂考驗仰山，仰做了托呈圓相的樣子，叉手而立，耽源乃回應兩手相交作拳的樣子。仰山便進前三步學作女人式禮拜，耽源於是確認他悟道了。後來仰山離開耽源禪師，而尋求溈山的指導，溈山問他：「你是有主的沙彌！還是無主的沙彌？」仰山回答：「有主！」溈山又問：「在什麼地方？」仰山從西邊走到東邊，然後站定，於是溈山默然認可，且非常器重他，從此他成了溈山靈祐的弟子。

又有一天，仰山問：「如何是真佛住處？」溈山答道：「以思無思之妙智，返思靈焰之無窮，思盡還源，性相常住，事理不二，真佛如如。」仰山於言下大悟，自此執持在溈山座下十五年之久。唐僖宗乾符六年（八七九），他住袁州仰山，學徒雲集達五、六百人，人稱為「仰山慧寂」。相傳有一天來了個梵僧，說：「特來東土禮文殊，卻遇小釋迦。」從此仰山慧寂又稱「仰山小釋迦」。

禪詩賞析

仰山承繼惠能以來不拘禪坐、不住空的思想，作有一偈：「滔滔不持戒，兀兀不坐禪。釅茶三兩碗，意在钁頭邊。」說明他不主張持戒、坐禪，如果心念滔滔，就算持戒也不是持戒人，禪坐成枯木兀兀，也不是真正的禪坐，還不如吃飯喝茶、耕田鋤草，體驗平常心是道。禪就體現在擔水、劈柴、飲茶、種地這些日用之中。

《五燈會元》卷九記載，仰山將入滅時，以偈示眾說：「一二二三子，平目復仰視。兩口一無舌，即是吾宗旨。」到中午，陞座辭眾僧，又作一偈：「年滿七十七，無常在今日，日輪正當午，兩手攀屈膝。」說完，兩手抱膝而終，世壽七十七。謚號「智通禪師」，塔號「妙光」。他曾住持江西觀音院，又入韶州東平山，期間受賜紫衣及「澄虛大師」號。又，仰山平時常以手勢啟悟學人，世稱之為「仰山門風」。明代圓信、郭凝之等人為他編《袁州仰山慧寂禪師語錄》一卷。

由上可知，溈仰宗是到了仰山才興盛的。因此，這兩首仰山的示寂詩非常可貴，展現「仰山門風」。「一二二三子，平目復仰視」是仰山對眾徒的示道與付託，期許他們以平常心之道與祖師禪相應，徒弟一個個但做平凡人，或平目或仰視即可。「兩口一無舌，此是吾宗旨」揭示溈仰宗宗風，是做個不假語言文字的無舌人。後一首「年滿七十七，無常在今日。日輪正當午，兩手攀屈膝」則真正是示寂詩，仰山以之表達世壽，如今要辭別眾人，同時也展現高僧來去自如的實際驗證。

溈山、仰山都是有實修驗證的明眼人，仰山還幫忙勘驗師弟香嚴智閑證道的境界。有一則公案說，智閑擲瓦片擊竹作聲，廓然省悟後，寄了一偈給溈山。溈山見了，告訴仰山說，你師弟智閑徹悟了。仰山說：「尚待試過。」後來仰山見了智閑，便問道：「師弟近日領悟了什麼？」香嚴回答一首偈：「去年貧，未是貧，今年貧，始是貧。去年貧，猶有卓錐之地。今年貧，錐也無。」仰山說：「師弟雖會如來禪：祖師禪尚未夢見在。」香嚴在這一譏諷下，又寫一偈：「我有一機，瞬目視伊；若人不會，別喚沙彌。」仰山聽了這一偈，才首肯香嚴已得祖師禪。

仰山勘驗香嚴的重點在「如來禪」與「祖師禪」，這是什麼意思呢？禪宗史的發展其實是先如來禪再祖師禪，分燈以後強調自心自悟、超佛越祖。仰山一開始印可香嚴會得如來禪，而不認為他會祖師禪，便是認為祖師禪超過如來禪，這叫作「超佛祖師禪」。溈仰宗是五宗裡最早出現的宗派，由承接馬祖、百丈的溈山靈祐，與門下弟子仰山慧寂師資唱和，激揚禪道，他們共同開創超佛做祖的「超佛祖師禪」，宗風是如此細密深邃，而又平實可親。

禪宗禪法在唐、宋之時，法雲遍布，千花競秀。或直指而隱、棒喝而默，或評唱而參、堂奧深邃，各具特色。溈仰宗承繼南陽慧忠國師的「圓相」直觀教法，對於接機、勘驗都有它的特別作用，成為溈仰宗特色，暢行禪林。北宋圓悟克勤曾評溈仰宗：「天下人跳他圓相不出。」仰山臨終這首〈付法偈〉，各燈錄都有記載，其旨意在「無言」，這是禪宗的核心宗旨，也是宗門通義，諸家的不同只是在接機手法，以及宗風的差別。而溈仰宗在「圓相」直觀之外，似乎特別重視無心任運、無言之教。（蕭麗華）

〔溈仰宗〕香嚴智閑〈悟道偈〉

（唐？—八九八）

一擊忘所知，更不假修持。
動容揚古路，不墮悄然機。
處處無蹤跡，聲色外威儀。
諸方達道者，咸言上上機。

溈仰宗是五家七宗中最早形成的宗派，開創者是靈祐及其弟子慧寂。靈祐在湖南溈山，慧寂在江西仰山，二人大揚一家宗風，因此後世稱為溈仰宗。靈祐曾先後遇寒山、拾得。二十三歲時，靈祐往江西參謁百丈懷海，成為上首弟子，頓悟諸佛本懷，於是承繼百丈懷海的禪法。而慧寂禪師十七歲出家，後入溈山靈祐大師門下。說起來，二人本是師兄弟，後來成了師徒。慧寂於「會昌法難」（即唐武宗滅佛）之際，潛身至江西宜春仰山集雲峰，創建棲隱寺，大振溈山宗風，被稱為「仰山小釋迦」。

除了慧寂，溈山靈祐還有另一位非常有名的弟子，就是香嚴智閑。智閑是青州人（今山東省濰坊市），久住鄧州（今河南省南陽市）香嚴寺，被稱為香嚴和尚。《五燈會元》說他「厭俗辭親，觀方慕道」，先參百丈，百丈圓寂後隨溈山學禪。由此說來，香嚴智閑和溈山靈祐，也同樣本是同門師兄弟，後來才成為師徒。

以圓相示道的溈仰宗

在五家七宗中，溈仰宗在接引學人時，以獨特的圓相表示遠離言語文字的內證境界，使得畫圓相成為溈仰宗風。法眼文益的《宗門十規論》中，最先指出溈仰宗的宗風是「方圓默契」，這是指溈仰宗在教禪學禪時，機用圓融而理事並行，平實中深含言語之外的沉默契機，這就是方圓默契的意思。表現在事相上，是師徒以畫方圓沉默對話，通過這些方圓圖案，達到心靈上的契合，也就是所謂的心領神會。據說一共有九十七種圓相，始作於南陽慧忠國師，慧寂在參謁靈祐以前，就從耽源禪師那裡學到了這九十七種圓相，後成為溈仰宗一派所承傳的宗風。

禪詩賞析

據禪籍記載，香嚴智閑博通經論，思維敏捷。百丈圓寂後，智閑隨靈祐參禪，有一天靈祐問他：「父母未生前的本來面目是什麼？」香嚴茫然不知怎麼回答，翻遍經書，仍找不到答案，他便請求靈祐解釋。靈祐不答應，香嚴便燒掉手頭的所有經錄，辭別靈祐，來到南陽慧忠的遺蹟處住了下來，過著無心任運的生活。有一天他在鋤地除草時，無意間擲出的瓦片擊中竹叢，發出清脆的聲音。香嚴當下大悟，見到了父母未生前的本來面目。他激動無比，沐浴焚香，遙禮溈山並作詩表達悟境。

溈仰宗因為「方圓默契」的宗風，文字詩偈很少，香嚴智閑卻是例外，以偈頌弘法而特出。《景德傳燈錄》卷十一〈智閑傳〉指出：「（香嚴）有偈頌二百餘篇，隨緣對機，不拘聲律，諸方盛行。」這首詩就是香嚴悟道時所寫下，成了溈仰宗最著名的禪詩，包含豐富的禪悟內涵。香嚴擊竹悟道的公案，所要傳達的核心就是「無心」。「無心」是禪宗最基本的內涵，主要指外離一切相、遠離妄念與分別心的當下那一念真心。惠能臨終前說：「有道者得，無心者通。」香嚴在丟瓦片擊中竹子「一擊忘所知」的當下，他開悟了，符合了六祖所說。

這自性自悟是在無心任運時、不假修持而體悟到的，在瓦片擊竹的一瞬間，一個清脆的聲音使他忘卻所知現象世界，所以香嚴詩說：「一擊忘所知，更不假修持。」香嚴在無心的日常動作之間，就與古德所走的祕密道路相應了，這是一條活活潑潑、生機勃勃的道路，而不是空心靜坐在靜悄悄的死寂枯禪中，所以說：「動容揚古路，不墮悄然機。」「處處無蹤跡，聲色外威儀」，是說這無形無相的自性、無心任運的真心，向外馳求是了無蹤跡的，一切聲色外相只是外在的威儀。「諸方達道者，咸言上上機」結尾兩句，香嚴指示這祕密法門，是諸方聖賢成道的上上契機，是心的大用。

香嚴此詩完整描寫了自己悟道的經過，也讓我們知道禪悟的境界。這樣的境界，在香嚴禪師的另一首詩中也可見到：「我有一機，瞬目視伊；若人不會，別喚沙彌。」悟者香嚴所說的「上上機」、「一機」，這祕密法門是什麼呢？禪悟觀照的特點是「能所俱泯」，香嚴顯然是達到能所俱泯的境界。能觀照的主體是「能」，被觀照的客體是「所」；能聽到聲音的耳朵，與被聽到的聲音之間，一個是能聞、一個是所聞，參禪者通過能所俱泯的當下，回歸主體與客體未分離時的無心狀態，這是超離文字言說與意識知解的。真心如一顆明珠，赤裸裸、白燦燦、圓陀陀地敞開了，這就是本來面目。香嚴悟得的本來面目，是不假修持、是無形無相、了無蹤跡的，是惠能祖師與歷代古德的一條祕密法門。

溈山靈祐弘法四十餘年，門下悟道者不可勝數。《祖堂集》記載靈祐弟子五人，《五燈會元》中見錄者有十三人，其中包括仰山慧寂、香嚴智閑、徑山洪諲等。溈山在湖南古稱湘，仰山在江西古稱贛，溈仰宗統稱「湘贛叢林」，他們都是乘百丈禪師的農禪作風而來的，也都堅持曹溪惠能「自作自成佛道」的道路，這無疑也是湘贛叢林得以成功的重要原因之一，香嚴在鋤地除草時悟道，正也凸顯了溈仰宗不離百丈禪師的農禪宗風。（蕭麗華）

〔法眼宗〕永明延壽〈永明妙旨〉

（唐・九〇五—九七六）

欲識永明旨，
門前一湖水。
日照光明生，
風來波浪起。

在中國禪宗五家中，最為晚出的是法眼宗。法眼宗的宗風，重視「聞聲悟道」、「見色明心」，每一首禪詩都有玄機，都有生活的指點。由於開創者法眼文益禪師圓寂後，曾被南唐中主李璟諡號為「大法眼禪師」而得名。法眼文益寫下了《宗門十規論》，有一段「理事圓融」的論述：「大凡祖佛之宗，具理具事，事依理立，理假事明，理事相資，還同目足。若有事而無理，則滯泥不通；若有理而無事，則汗漫無歸。欲其不二，貴在圓融。」依此看來，法眼宗的禪法，認為天地萬物的道理，可以在任何一件小事上呈現，廣大無邊的境界，可以在生活中映現。理與事可以相互彰顯，圓融無礙。法眼宗的禪法，以現成的事相圓融禪理禪機。

禪淨合一創始者

永明延壽禪師，是法眼宗的第三代傳人。他是五代時餘杭錢塘人（今浙江省杭州市），俗姓王，字仲玄，號抱一子。二十八歲出家，後參學天台德韶禪師，悟得玄旨，最初在雪竇山傳法，後來吳越王錢俶聞其名，禮聘他到永明寺弘法，世稱永明法師。永明延壽認為，晚唐五代以來，禪宗弊端叢生，為匡救禪門弊端，他蓋了「宗鏡堂」，集合佛教八宗弟子，論辯各宗思想，最終融合了禪宗與淨土宗的教法，強調禪淨合一的重要，影響後世深遠。高麗國王亦慕其名，派遣三十六位僧人來求法，其門下有兩千餘人。著有《宗鏡錄》一書傳世。

關於永明延壽撰著《宗鏡錄》的因由，宋代蘇軾、黃庭堅之後的禪宗學者慧洪曾在著作《禪林僧寶傳》中說：「智覺（延壽）以一代時教，流傳此土，不見大全，而天台、賢首、慈恩性相三宗，又互相矛盾，乃為重閣，館三宗知法比丘，更相設難至波險處，以心宗要旨折中之，因集方等祕經六十部，西天此土聖賢之語三百家，以佐三宗之義為一百卷，號《宗鏡錄》，天下學者傳誦焉。」可見《宗鏡錄》把天台、賢首、慈恩三家教理矛盾處，以禪宗的明心見性要旨去折衷調和，因此永明延壽的《宗鏡錄》的禪法是教禪合一，統一了禪門與教家。

永明延壽禪師的教學宗旨，是「以心為宗，以悟為則」。心安閒靜謐，明鏡自然現前。有一次他在林間禪坐，進入定境時，一隻小鳥將入定的永明禪師當成樹枝，在他的衣褶中築巢。他真是這樣成了一位「白雲深處坐禪僧」，定定禪坐在自己的心性上，這是絕對的「安閒」。

禪詩賞析

有人問永明禪師：「如何是永明妙旨？」他指出「在事上用心」、「在事上檢校心」的重要，同時說了這首詩。禪師一天做一百零八件事，每做一件用心的事，都增加自己的福分與智慧。這首詩偈是他揭示自己承繼法眼宗風的宗旨所在。「欲識永明旨，門前一湖水」是說想認識永明禪師的宗旨，就參那門前一湖水吧！古代人人家門前都有一湖水，村莊聚落也都有一潭水，人生要以流水為鑑，這就是永明禪師的禪境，從水的動靜中出發，在事上用心。觀照那天地如風生水起，湖面照影，生命隨流水前行，此時的念頭、事相上的道理是直覺觀照，不是言語思量可得。「言語道斷」的工夫要徹底，明心見性的禪境才能自現。「日照光明生，風來波浪起。」日常生活，不是每天都是日照大地產生光明，風吹湖面興起波浪嗎？生活的常理中，有著剎那即永恆的契機，有「日照光明生」的智慧，也就能面對「風來波浪起」的因緣。這種覺照就是理事圓融，這「一湖水」就是永明的「宗鏡」，也就是永明禪師所說的：「舉一心為宗，照萬法如鏡。」

法眼宗承僧肇〈般若無知論〉，認為般若無知貴在當下頓悟，不容擬議思維。有學僧問延壽，該如何領會「永明家風」？延壽說「不會處會取」，也就是從無知中領會、從不知道中領會。他又說：「牛胎生象子，碧海起紅塵。」牛胎怎能生象子？碧海如何起紅塵？這是超越世間思維邏輯的。般若觀照是神祕的直觀，所以不可用邏輯，也不可取捨。清除外在的知見之後，山水自然呈現的，已不是外在的色相，而是觀照者內在的真如佛性。永明延壽《宗鏡錄》卷一說：「凡所見色，皆是見心，心不自心，因色故心；色不自色，因心見色。故經云：『見色即是見心。』」這也就是「色即是空」，幻色非真色，菩提性宛然。色相俱泯之時，觸目無非菩提，此就是「見色明心」。在法眼宗禪者眼裡，山水自然都是佛性的顯現，應當用澄明襟懷來感應。

從法眼宗的禪修實踐來看，前述法眼宗看重禪教合一，擅於熔鑄經典義理，以禪教不二為宗綱，因而形成自己的宗風特色。他們陶鑄參禪者的方法，常在指示學人看《華嚴經》、《涅槃經》、《法華經》等經典。例如，《五燈會元》卷十記載，有一次文益禪師問僧眾是否看過《還源觀》、《百門義海》、《華嚴論》、《涅槃》諸經？還有一次，杭州靈隱寺清聳禪師初參法眼文益，文益禪師指著雨對他說：「滴滴落在上座眼裡。」他卻不能領悟，後來文益引導他讀《華嚴經》而徹悟。五家七宗中，其他諸宗多是以開創者弘法之地來命名，唯獨法眼宗是用文益的諡號「大法眼」來命名，顯示了法眼宗注重佛法眼目的特色。既注重經典，又注重禪法修行，這就是法眼宗獨特的地方。法眼文益重經教，又重視唯識，有〈三界唯心〉頌；永明延壽融匯佛教八宗，成為禪淨合一的創始者，有〈四料簡〉（有禪有淨土，猶如帶角虎）師徒二人的門風如出一轍，成為五代末期最有影響力的禪宗宗派。（蕭麗華）

〔法眼宗〕長慶慧稜〈萬象叢中獨露身〉

（唐・八五四—九三二）

萬象叢中獨露身，
唯人自肯乃方親。
昔時謬向途中覓，
今日看來火裡冰。

長慶慧稜為杭州鹽官人（今浙江省嘉興海寧市），俗姓孫氏。他是晚唐五代時期的青原系僧人，是雪峰義存禪師座下得法的五大弟子之一。咸通七年（八六六）於蘇州通玄寺出家為僧，受具足戒。慧稜於唐乾符五年（八七八）入閩，先拜謁福州怡山西院大安禪師，續訪福州靈雲山的為仰宗志勤禪師，後依止雪峰義存禪師三十年。天祐三年（九〇六），他受到泉州刺史王延彬的邀請，住錫泉州招慶寺；後閩王王審知又邀請他居長樂府之西院，上奏皇帝賜匾「長慶」，號「超覺大師」。長慶院，即今福州怡山西禪寺的前身。可見，長慶慧稜為閩地招慶寺、長慶院二寺的開山祖師。

長慶蒲團，日用是道

長慶慧稜禪師在雪峰義存門下時，常來往於雪峰義存、玄沙師備等著名的禪德之間參學，但一直沒有開悟，期間先後坐禪坐破了七個蒲團。有一天，他在雪峰禪師門下，捲起門簾的時候，忽然大悟。（《五燈會元》卷七）於是作了首開悟偈說：「也大差，也大差，捲起簾來見天下。有人問我解何宗？拈起拂子劈口打。」捲簾與拈起拂子成了長慶慧稜悟道時的重要意象。於是，雪峰義存禪師便對玄沙師備禪師說：「這個禪子開悟了。」到了晚上，僧眾正要上堂參問，雪峰義存禪師又對慧稜說：「備頭陀並不認可你的開悟，你如果確實真正悟解，請說出來給大家聽聽？」這首詩偈就是當時慧稜禪師向大眾表述開悟境界的偈子。《禪苑蒙求瑤林》稱這則公案為「長慶蒲團」。

法眼宗繼承僧肇「觸事而真」的思想，指出一切皆是道，在日常生活之外並不存在著另外的真理。僧肇主張不離開現世的煩惱，而證得菩提涅槃；不離開濁世，而進入佛國淨土。只是識心蒙蔽了自性，使我們迷於萬象。如何認清自我呢？法眼文益曾說：「六識只是你的一群家屬罷了。」六識是自性所顯的作用，能幫助人了解自性，只要不生分別，隨緣而行，則一切都是道。因此，現實生活中，時時處處都可以參悟禪道。這就是法眼宗日用是道、即凡即聖的美感特質。

禪詩賞析

本詩的第一句「萬象叢中獨露身」，就揭示了長慶慧稜深刻的領悟，也是長慶慧稜獲得雪峰義存、玄沙師備兩位禪師印可的證明。人世間的一切萬法有善有惡，而禪者要知道諸法的善惡、淨染種種差別性，而不起分別，不思善，不思惡，將一切對待差別都蠲除蕩盡，這時湛湛然彷彿獨自露身於萬象之中。世間萬象都是生滅不斷的，人與世界都在識心的生滅法中流轉，這意味著長慶慧稜瞥見自己不滅的自性，與內在自我的主人相契了。所以，第二句說「唯人自肯乃方親」，只有自己認識自己本來面目，才是親證、親識。「昔時謬向途中覓，今日看來火裡冰。」過去不識自己本來面目時，都是用識心向外馳求，在道途中疲於奔命地追尋，如今看來，這等於是火裡求冰，顛倒錯謬。

其實，法眼文益與長慶慧稜同時期，文益到福州時曾前去參訪慧稜，後參地藏桂琛禪師而開悟。這首偈後來也成為法眼宗禪人參究的常用話頭，並有一則著名的公案：有僧人子方來參法眼文益，文益舉長慶慧稜的偈問他說：「什麼是萬象之中獨露身？」子方舉起拂子，文益再問：「要怎麼領會？又怎麼證得？」子方說：「和尚尊意如何？」文益說：「（你）喚什麼作萬象？」子方回答：「古人不撥萬象。」文益說：「萬象之中獨露身，說什麼撥不撥？」

此中法眼文益禪師點撥子方，讓他認清「身」與「萬象」之間的關係。「身」指法身，「萬象」指法身的變現物，法身只能在萬象中顯露出來，所以不能否定萬象，不能把萬象與法身分離為二。子方舉拂子，意思是說認識自性得撥除萬象，而文益指出，根本談不上撥不撥，「身」與「萬象」是一體的。從一切現成的立場來看，「萬象叢中獨露身」是當下即是的事，沒有什麼撥不撥的。這就是法眼宗禪師所謂的「觸事而真」、「日用是道」。在日用煩惱諸事中，是成就自己清涼智慧的契機，我們只要記得在動盪變遷的現實生活中保持心性澄明寧靜，自然能感悟本來現成的自性。

法眼宗重經教，特色在鎔鑄教乘精華的正法眼藏。想要得正法眼，必須研讀古教，研讀佛經成了法眼宗的明確主張。用《楞嚴經》見聞之性不滅的楞嚴三昧，消除知見，符合法眼宗「般若無知」的宗風；用《金剛經》「凡所有相，皆是虛妄」而體會空性，一切分別皆妄，離相無住即真；用《圓覺經》「知幻即離，不作方便。離幻即覺，亦無漸次」做為禪宗心印。如此融合經教，自然容易進入禪定直心，理事圓融，日用即真。

這首偈注重當下性，相當符合「日用即真」、「一切現成」的法眼宗風。因而，法眼宗的禪師們在教禪學禪、接引參禪者時，常用長慶慧稜的公案與詩偈，把參禪者的注意力隨時隨地引向當下，在現實世界的平凡事物上，感受到永恆的真理，再加上經教的鎔鑄。因此，長慶慧稜這首偈蘊含了《楞嚴經》清除無明的楞嚴三昧、《金剛經》當體即空的金剛三昧，與《圓覺經》的離幻三昧，乃至於《維摩詰經》、《楞伽經》等，符合法眼文益開展經教與禪教合一的走向，使法眼宗在萬象日用之中開出明心見性的條條大道。長慶捲簾與舉拂子的動作，都是心法的展示。所以，《五家宗旨纂要》這麼描述法眼宗：「句裡藏鋒，言中有響。三界唯心為宗，拂子明之。」（蕭麗華）

〔曹洞宗〕

洞山良价〈君臣五位偈〉

（唐・八〇七—八六九）

學者先須識自宗，莫將真際雜頑空。
妙明體盡知傷觸，力在逢緣不借中。
出語直教燒不著，潛行須與古人同。
無身有事超岐路，無事無身落始終。

由惠能頓悟禪法傳下的南宗禪法脈，有三大系統：其一，神會的荷澤系；其二，懷讓的南嶽系；其三，青原行思的青原系。越祖分燈禪中的其他三個宗派：曹洞宗、雲門宗與法眼宗，都出自行思的青原系。曹洞宗基本上是由洞山良价在洞山確立了一定的規模，他的弟子本寂禪師在曹山繼承和發揚了洞山良价所奠定的禪學宗旨和門庭施設，才形成了曹洞一家的宗風。

曹洞宗的成立晚於臨濟宗，它一開始就表現了與臨濟宗不同的風格。禪宗史上所謂的「臨濟將軍，曹洞士民」，可說是對臨濟宗與曹洞宗兩種不同風格的鮮明譬喻。曹洞宗沒有像臨濟宗那樣機鋒峻烈、棒喝齊施的方式，而是綿密回互、妙用親切的溫和模式。《人天眼目》卷三說曹洞宗：「家風細密，言行相應，隨機利物，就語接人。」這是說，曹洞宗禪師們在教禪學禪、接引學人時，師徒之間以應機為要，方便開示，只說切機的話，不多言說。

水中照影，發現真我

曹洞宗的開山宗師洞山良价，越州諸暨人（今浙江省諸暨市）。俗姓俞，少年在家鄉的寺院出家，有一次念到《心經》「無眼、耳、鼻、舌、身、意」時，忽然摸摸自己的臉，問師父：「我有眼、耳、鼻、舌等，為什麼經上說無？」師父不能回答，就推薦他到五洩山披剃，參拜靈默禪師。二十一歲時往嵩山受具足戒，從此開始行腳遊方。

有關洞山良价的參學過程非常有趣，他幾乎遍參當時的大師。第一個參拜的是馬祖道一的得意門生南泉普願，當時正值馬祖道一逝世紀念日，普願禪師在準備齋祭，普願問弟子們；「明天為道一禪師設齋，不知他是否會來？」大眾沉默，只有洞山回說：「等到有伴，他就會來。」普願禪師頗驚訝於他的資質，於是讚許他可堪雕琢。但是洞山良介卻回答：「和尚莫壓良為賤。」對洞山來說，禪是真實本體，根本不能雕琢的。《祖堂集》卷六說洞山良价因此「名播天下」。爾後，他又去參拜溈山靈祐，討論南陽慧忠的無情說法，靈祐豎起拂子，問良价是否已經領會了？良价說沒有。靈祐便推薦他去見雲巖曇晟。最終，在雲巖曇晟之處參學時，聽聞「無情說法」而有所省悟的。《祖堂集》卷六說他「盡領玄旨」。他後來成為雲巖曇晟法嗣，在江西南昌洞山普利院駐錫，人稱洞山大師。有〈寶鏡三昧歌〉、《玄中銘》、《洞山語錄》傳世。

洞山良价悟道後有幾個有趣的公案。

一是「眼處聞聲」。良价因與曇晟討論無情說法而悟道，當時說了一偈：「也大奇，也大奇，無情說法不思議，若將耳聽終難會，眼處聞聲方可知。」「眼處聞聲」與六根互涉相關。無情說法，凡夫未能聞，凡夫的耳根未通徹，所能聽聞的能力有限，必須到能聽聞《阿彌陀經》所謂「水鳥樹林，皆念佛念法」的境地，那也就是「眼處聞聲」了。

二是「過水睹影」的故事。良价悟後辭別曇晟時問說：「和尚百年後若有人問：『還形容得出師父的真貌否？』我如何回答？」這是個語帶雙關的禪機話頭，實際上是問曇晟說法的精神是什麼？曇晟指示他：「即這個是。」有一次，良价遊方過一水，看到水中自己的影子，忽然了悟曇晟這句話的宗旨，又作了一偈：「切忌從他覓，迢迢與我疏。我今獨自往，處處得逢渠。渠今正是我，我今不是渠。應須與麼會，方始契如如。」渠是我，我是渠，渠不是我，我不是渠，到底哪一個是我？岸上的我與倒影的我，何者為真？過水睹影，就是水中見真，良价所領悟的「即這個是」，就在「形相我」與「影子我」相逢的剎那，逼出真我。我既非「形相我」與「影子我」，我又是「形相我」與「影子我」，只有在他是我，我是他的剎那，才是真我如如。

禪詩賞析

「君臣五位」是洞山五位加上曹山君臣，一起合起來的一套接引學人的方法。洞山五位，是良价禪師為了指導禪眾，所設立的方便說法。以真理立為正位，以事物立為偏位，依偏正回互的邏輯，設立五位（正中偏、偏中正、正中來、偏中至、兼中到）之說。曹山本寂禪師又繼承洞山良价禪師的本意，用君臣關係來說明五位，統稱為「君臣五位」。君位，指本來無一物的空界，為正位，即五位中之「正中來」。臣位，指萬象的色界，為偏位，即五位中之「偏中至」。臣向君，是捨事相入理的意思，這是「偏中正」。君視臣，是背理就事的意思，即緣起的「正中偏」。總之，正是體、是理、是空，偏是用、是事、是色。「君臣五位」實際上就是體用、理事、空色之間所存在的五種關係。如果君臣道合，冥應眾緣而不墮諸有，即「兼中到」，是動靜合一、事理不二、非正非偏的究竟道位。

這首〈君臣五位偈〉說的就是這個宗旨。「學者先須識自宗，莫將真際雜頑空」，洞山良价禪師提醒學人從認識自性開始，參學過程宜注意到偏正回互的功用，不要執著於偏空、頑空。「妙明體盡知傷觸，力在逢緣不借中。」自性是真空妙有的妙明體，在萬緣起落中宜達到無著、無觸的境界。「出語直教燒不著，潛行須與古人同。」指入事相之中，語默動靜無礙（此為「正中偏」邁向「偏中正」）；捨事入理時，也能深潛而行，跟上古德的腳步（此為「正中來」邁向「偏中至」）。最終則能「無身有事超岐路，無事無身落始終」，達到不落有無，體用俱泯

（此為「兼中到」），這也就是《人天眼目》所謂「冥應眾緣，不墮諸有，非染非淨，非正非偏」的無心解脫。簡單地說，正位即是君位，君是理之本體，君相當於理；偏位即是臣位，臣相當於事，因而有萬象。這〈君臣五位偈〉說的就是在理、事之間如何相回互，達到理事、體用、空色、淨染之間的內在合一。

良价生平的幾個著名公案都表達出事圓融的思想，精神貫穿於整個曹洞宗的禪學體系中，並成為其核心內涵。整首〈君臣五位偈〉的正偏五位，也完全是從理事圓融上來立論，放在理與事、體與用、本體與現象、真空與妙有、淨與染等所有一切，都是一種辯證而統一的關係。傳給曹山本寂後，曹山也完全繼承洞山的思想宗旨。整體說來，曹洞宗的理事圓融具有即事而真的特點，臨濟宗則由理的方面見到事，所見者無不是道，因而觸目是道，這是曹洞與臨濟不同的地方。（蕭麗華）

〔曹洞宗〕曹山本寂〈焰裡寒冰結〉

（唐・八四〇—九〇一）

焰裡寒冰結，
楊花九月飛。
泥牛吼水面，
木馬逐風嘶。

曹洞宗的創立應該是在唐代大中末年以後的事，開山宗師為洞山良价，《祖堂集》卷六說：「唐大中末年，住於新豐山，大弘禪要。」當時已有五百僧俗弟子的規模，本寂禪師也在其中。曹山本寂二十五歲受具足戒後才開始遊方，第一次遊方參拜的就是洞山良价。《祖堂集》說本寂年少時就遍覽九部經典，並且立志出家，而且行為舉止皆具威儀，莊嚴宛如修學已久，顯見他有很好的經教與禪修的訓練。而當他初訪洞山參學，就被洞山良价吸引，也深得良价器重。

明白己事，轉一切境

本寂從洞山良价處得到心印後，盤桓十幾年才辭去。師徒二人之間有一段十分重要的對話：「洞山問：『什麼處去？』師（本寂）曰：『不變異處去。』洞山曰：『不變異處，豈有去也？』師云：『去亦不變異處。』」這種「不變異處」、「去亦不變異」構成了曹山本寂禪思想的重心。本寂辭別洞山良价後，先到曹溪禮拜六祖塔，再回臨川（今江西省撫州市）玉荷山，信眾嚮慕本寂禪師的大名，乃請他開法。他因為追念六祖的遺風，把所住之山改名為曹山，世人稱他「曹山本寂」。

曹山本寂為泉州莆田人（今福建省莆田市）。俗姓黃，法號本寂，謚號「元證大師」，塔號「福圓」。唐代禪宗高僧，洞山良价弟子，為曹洞宗第二祖。曹山本寂在禪學思想與宗風上承傳洞山良价的宗旨，全力發揮了正偏五位之說，而且有相有圖（例如：◑、◐、◉、○、●），構成了一個更嚴密的體系。宋代僧史大家贊寧特別稱讚他的文學與禪法，說他文辭遒麗，富有法才。著有《寒山子詩集注》、《解釋洞山五位顯訣》。弟子收集他的語錄，編成《撫州曹山本寂禪師語錄》。

禪的根本在「體悟自性」，或稱「見性」、「識心見性」、「頓見真如本性」、「直了見性」等。南宗禪更特別強調「不二」法門，開展出不同場合對應的靈活啟悟或暗示，禪門五宗在禪法上因此各有不同的風格與方法。良价經常教導弟子要善保自性，勤學慎交；本寂也常提示門下弟子應當在「明自己事」上下工夫。

有一次本寂上堂對弟子說：「禪者就算看他個千經萬論，追根究柢還是不得自在，不能了脫生死，這是因為不能明白己事。如果明白己事，就能轉一切境，和尚自己能受用。若不明自己事，和尚也會被佛菩薩等聖者的外緣所轉；諸聖者與和尚都成了外境。外境外緣互相攀涉，無有了時，如何能得自由？」這是說，禪悟不需「千經萬論」，只需「明自己事」，有那麼多經論、公案、語錄，還是不得自在、不能解脫，都是沒認清自己的本來面目，只要能認清自己的本來面目，就能自性自用。如果不能認識自己的自性，而依靠諸佛菩薩等其他聖者為助緣，自己反倒成了外境，境和緣的攀緣交涉，永遠向外追逐沒個了時，永遠不能解脫自在。

禪詩賞析

曹山本寂基本上是承繼洞山良价「正偏五位」說，進而發揚為「君臣五位」說。《人天眼目》卷三說：「大約曹洞家風，不過體用、偏正、賓主，以明向上一路。要見曹洞麼？佛祖未生空劫外，正偏不落有無機。」很明顯的，曹洞宗的指導方法是針對前來參學者的狀況而提出的，在理與事的回互中，找出向上的契機，也就能不落偏正、有無，而超佛越祖、自證自悟。而悟者見性之後的風光如何呢？曹山這首〈焰裡寒冰結〉說的正是如此。

悟者所見已是不偏不正、不生不滅，既非諸相也非非諸相。用世間諸相來解釋就顯得矛盾而不合邏輯。「焰裡寒冰結」，火焰裡如何可能結寒冰？「楊花九月飛」，春天的楊花如何在九月的秋天裡飄颺？「泥牛吼水面」，泥牛入水當化為泥，如何能活生生地出水面嘶吼？「木馬逐風嘶」，木做的馬沒有生命又如何迎風嘶啼？這都是世間相所不能理解的悖理現象，可見悟者所見風光並非常理可及。這首詩是矛盾法禪詩的絕佳例子，詩中顯現我們視為正常的世界，其實需倒著一隻眼，才能反常合道。世界非世界即名世界，我們習以為常的世界並非實有，它只是因緣合和而成的，只有破除因緣法，反觀自性，才能認識自己內在實有的、不生滅的真我。

洞山良价密授給曹山本寂的〈寶鏡三昧歌〉說：「類之弗齊，混則知處，意不在言，來機亦赴。」現象界的萬事萬物是參差不齊的，真我混同其中，語言文字無法言說。我們只能說，萬物是心性之理的顯現，如同鏡像。這些遭逢因緣而顯現的萬事萬物，遷流不息，它雖然超言絕相，但又是我們了悟自性的契機，一旦機緣成熟，虛空粉碎，我們就能奔赴內在真我。

曹洞宗宗風綿密如針線，與臨濟宗的大開大合極為不同；曹洞宗的禪法，對於參禪的弟子，反覆在「賓、主」、「偏、正」之間穿針引線；曹洞宗「君臣五位」的禪法，從主客不同的立場看，又有「偏」、「正」不同，有如「陰」、「陽」互動，各有不同。「正」是真如本體，有實相的不生不滅，象徵空性的絕對虛寂，是涅槃圓滿的境界，亦可簡稱為「體」或「性」。「偏」則是事物差別的生滅相，屬於一切相對變化的存在情況，亦可簡稱為「用」或「相」。對照《心經》指出的「色即是空，空即是色，色不異空，空不異色」來說，也就是色空不二，體用合一，偏正互為因果。曹洞宗以象徵色空、體用的「偏正五位」理論，分析禪師修行的境界，建立了曹洞宗綿密的禪學體系。

曹山本寂這首禪詩，充滿著體用不二、理事互回的詩心。曇晟將「鏡三昧」法門密傳給洞山良价，洞山良价再密授給曹山本寂的，就是人觀境，應該就像面對一面寶鏡，鏡裡的影子正是鏡外形貌的顯現，如此形影相睹，即所謂「渠（影）正是汝（形）」、「即事即真」，從而說明事相上能顯出理體互融的境界。（蕭麗華）

〔雲門宗〕德山緣密〈委曲商量〉

（五代・？—？）

得用由來處處通，
臨機施設認家風。
揚眉瞬目同一眼，
豎拂敲床為耳聾。

雲門宗以雲門文偃為宗祖，屬於青原行思法系。文偃住韶州雲門山光泰禪院，後唐長興元年（九三〇）以後，大振禪風，因此取雲門山為宗名。雲門文偃三傳到雪竇重顯，中興雲門，使雲門宗在北宋盛極一時，同時也開始與其他宗派相融合而延續到了南宋元初。

德山三句，雲門三關

本詩為雲門二世德山緣密所唱。緣密是五代時的禪僧，為文偃的弟子，後住朗州德山，賜號圓明大師。除《景德傳燈錄》卷二十二有傳之外，他的事蹟禪史罕見，只在《雲門匡真禪師廣錄》卷下錄他的詩偈十一首，唱頌雲門禪旨，是雲門宗人詩偈特別突出的一位。有緣密的詩偈唱頌，才凸顯雲門文偃的道風與化導學人時的特色，所謂的「雲門三關」與雲門舉唱，都因德山緣密而顯著。

《五家宗旨纂要》說：「雲門宗風，出語高古，迥異尋常，……超脫意言，不留情見。」可見雲門宗的機鋒，是靠高雅古樸且簡要的語言，包括詩偈舉唱，讓行者超脫言意，脫離情執與偏見。《人天眼目》卷二說：「雲門宗旨，截斷眾流，不容擬議。」以簡潔明快、不可擬議的手法，破除參禪的執著，返觀自心。這就是雲門宗陡峻的宗風。「雲門曲」原為華夏古樂曲的曲名，曲調艱深，歌者難以詠唱，聞者難以領受，而由於雲門宗的語言高雅古樸，所以禪林便將難以理解的雲門宗風，稱為「雲門一曲」。又因為雲門宗接應學人，猶如天子的詔敕，一次即決斷萬機，令人毫無猶豫的餘地，因此又有「雲門天子」之稱。

雲門宗最精要的要義，在「雲門三句」。雲門文偃曾對大眾示法說：「函蓋乾坤，目機銖兩，不涉世緣，作麼生承當？」當時眾人默然無對，文偃於是自己回答說：「一鏃破三關。」「函蓋乾坤」指真理遍布、道無所不在，只此一心可以貫通宇宙，包羅萬有；「目機銖兩」指在細微處專注一心，超離語言文字，可以洞然明曉；「不涉世緣」指禪師應機說法，使學人不墮入世間因緣法，方可達清明境界。後來德山緣密汲取雲門三句的精髓，改為「函蓋乾坤」、「截斷眾流」、「隨波逐浪」，禪林或稱為德山三句。這就是有名的雲門三關。

雲門頌唱最有名的就在「函蓋乾坤」、「截斷眾流」、「隨波逐浪」，這三句是德山緣密從雲門宗旨中所精萃出的三句，所以稱為德山三句，也就是二世以下的雲門三關。緣密還作有〈頌雲門三句語並餘頌八首〉其一「函蓋乾坤」說：「乾坤並萬象，地獄及天堂。物物皆真現，頭頭總不傷。」說乾坤萬象都是真理，觸物皆真。其二「截斷眾流」說：「堆山積嶽來，一一盡塵埃。更擬論玄妙，冰消瓦解摧。」是說妄想分別與語言思路再多，多得如堆山積嶽也都是塵埃，不如當下無所用心，不要擬議，紛陳的事相與煩惱自然冰消瓦解。其三「隨波逐浪」說：「辯口利舌問，高低總不虧。還如應病藥，診候在臨時。」以及「三句外別置一頌」說：「當人如舉唱，三句豈能該。有問如何事，南嶽與天台。」也就是說，雲門的宗風以三句舉唱接應學人，必須依照學人的不同根器，施予不同的教法，千萬不可不知變通刻舟求劍，這樣反而會讓雲門三句淪為窠臼，就算對方是南嶽慧思或天台智者這樣的大師，都要以應機以對為至上原則。

德山緣密這首詩〈委屈商量〉取第一詩句為題，「委屈」指自性自悟這檔事有其箇中曲折的消息；「商量」是禪者要尋求符合自己的體悟方法，也就是契不契機的問題。整首詩直承雲門三句而來。雲門宗認為山河大地都是真如的顯現，道無所不在，不但存在於山河大地，也存在於禪者的日常生活之中。學人平常穿衣吃飯、屙屎拉尿等行住坐臥，乃至任何語默動靜、造次顛沛之間，無一不是修行悟入的契機，這是「函蓋乾坤」。所以〈委屈商量〉詩說：「得用由來處處通，臨機施設認家風。」雲門的家風是平常心，生活處處都可應機而有所領悟。「揚眉瞬目同一眼，豎拂敲床為耳聾。」應機而設的指導方式，不論是「揚眉瞬目」或「豎拂敲床」，都在「截斷眾流」，是針對尚未悟道的耳聾人所設立的權宜方便，也就是雲門三句的「隨波逐浪」。處處通，也就是條條大路通羅馬的意思，只要能觸物即真就通了，重要的是應機啟悟。

雲門的應機接眾，留有一則「雲門餅」的公案。有僧問雲門：「如何是超佛越祖？」雲門回答：「餬餅（撒上胡麻的燒餅）。」僧問：「這跟我問的有什麼關聯？」雲門回道：「『有什麼關聯？』這句話真是灼見！」於是雲門接連逼問：「你口中的佛是什麼？祖又是什麼？你問怎麼出三界，那你先把三界拿來給我看。」「除了穿衣吃飯，屙屎送尿，還有什麼事？」這是雲門的「截斷眾流」法，截斷無端的諸般妄想，回到等閑的平常心，直接面對「函蓋乾坤」的真理。

德山的「函蓋乾坤」、「截斷眾流」、「隨波逐浪」等三句，有如天子的聖旨，一道金牌下來，不由分說，一字一句必須當下定奪，不容擬議，直接面對自我，無路可逃，雲門三關就在雲門文偃與德山緣密師徒間，建立起陡峻的宗風。而雲門禪詩氣象宏闊，函蓋乾坤，善用詩的形象語言，含藏宇宙萬象與真理，加上「雲門一曲」，使雲門禪詩的感悟力，通過詩歌形象顯現出來，形成了山水真如、日用是道等隨緣適性、對機接引的美感特質，也為禪林文學增添豐厚的詩歌瑰寶。（蕭麗華）

〔雲門宗〕天衣義懷〈開悟偈〉

（北宋・九九三—一〇六四）

一二三四五六七，
萬仞鋒頭獨足立。
驪龍頷下奪明珠，
一言勘破維摩詰。

雲門宗形成且隆盛於五代，因創始人雲門文偃禪師晚年在韶州（今廣東省韶關市）光泰禪院，弘法開禪自成一系，其思想與接機應物的方法經弟子敷揚成一家宗風，後世就稱這一系為雲門宗。宋代蘇澥在序《雲門廣錄》時說：「祖燈相繼，數百年間，出類邁倫，超今越古。……雲門大宗師，特為之最，擒縱舒卷，縱橫變化。」可見雲門宗下燈燈相傳數百年，雲門禪師個個出類絕倫，法門也收放自如、縱橫變化。

雲門中興之祖

雲門宗在北宋初年，雲門下二、三世的階段，得到宋真宗、仁宗皇帝的支持，迅速發展起來，到雲門下四世時，達到鼎盛。天衣義懷是此時期雲門下四世的著名禪僧，他上承雲門龍象「文字禪」的代表人物雪竇重顯，下啟曾到首都開封府的僧、俗二眾，在雲門宗的發展過程中發揮了無可取代的巨大作用。

天衣義懷為宋朝永嘉樂清人（今浙江省樂清市），俗姓陳，家世歷代以捕魚為業，幼年就有慈心，每在父親捕獲魚時，私自將魚兒放回水中，遭父親生氣責打，仍泰然自若。義懷出家後，四處參學，不久東遊至姑蘇翠峰寺，禮拜雪竇重顯為師。雪竇重顯是禪門頌古四大家之一，翠峰寺是他第一座弘法的寺院，後移居明州雪竇山資聖寺，被譽為雲門中興之祖。義懷在重顯處得法後，大興雲門，七遷法席，先後住持多所禪院，所到之處都使荒廢的寺院復興，法嗣弟子達八十餘人。他晚年身體不好，住池州（今安徽省境內）杉山庵。北宋仁宗嘉佑五年（一〇六〇）示寂，春秋七十二歲。

禪詩賞析

天衣義懷初參雪竇重顯時，重顯問他：「你叫什麼名字？」答：「義懷。」重顯再問：「為何不叫懷義？」義懷回答：「受戒的時候，別人給取的名字。」如此數問數答，義懷不是默然無對，就是挨棒被逐出丈室。他只能老實面對平日的勞務，汲水擔柴，終日幹活，辛苦修練。有一天，重顯對他說：「肯定不對，否定也不對，肯定、否定都不對時，你怎麼辦？」義懷正要回話，便遭重顯棒打，如此反覆多次，義懷還是不能契悟。一日晨起，義懷從寺外挑水回來，途中肩上的扁擔忽然折斷了，隨著喀嚓一聲，義懷頓間悟道，於是寫了這首偈：「一二三四五六七，萬仞鋒頭獨足立。驪龍頷下奪明珠，一言勘破維摩詰。」他回到禪院請示師父重顯，馬上獲得師父的印可。

這則公案中，扁擔從中而斷，意味著什麼呢？是雲門的「截斷乾坤」和禪宗「離有無二見」的不二法門，也就是超越有、無，超越肯定與否定二邊，不起對立分別之心。離開二邊之極端或邪執，此即佛教所謂「中道」或「中道觀」，是大乘中觀學派主張的，遠離一切執著分別而無所得。義懷對於重顯師父的話頭：「肯定不對，否定也不對，肯定、否定都不對時，你怎麼辦？」久久不能契悟，卻在汲水作務之時，扁擔從中折斷，忽而當下省悟，悟得「不落兩邊」、亦「不離兩邊」的中道真諦，所以喜而作偈。

「一二三四五六七」是指義懷四處參學的過程，如登高山，終於登上「萬仞鋒頭獨足立」，一隻腳獨立在敻然絕待，與天地合一。「驪龍頷下奪明珠」，典出《莊子》〈雜篇．列禦寇〉，意指潛入深淵，從黑龍的下巴底下掏取明珠。佛教將佛陀所傳的大法喻為明珠，也是禪宗所謂人人皆有的自性；僧堂裡提醒大眾用齋所使用的梆子，也飾以含珠的龍頭。最重要的末句「一言勘破維摩詰」，是說用一句話就了悟自性，也就是先前重顯問的那句：「肯定不對，否定也不對，肯定、否定都不對時，你怎麼辦？」維摩詰又名無垢居士，領悟不落兩邊，亦不離兩邊的中道真諦，也就勘破了維摩詰居士滅垢無染畢竟空的境界。一旦煩惱盡淨，自性便如明珠顯現，光耀太虛。

義懷禪師悟道後不久，即辭別雪竇，前往無為（今安徽省蕪湖市無為縣）鐵佛寺出世弘法。《林間錄》說他：「三易法席，學者追崇。」先是由鐵佛寺遷至越州天衣山，此後也曾五遷法席（不只三易法席），每次都遷到荒涼之地去開墾。義懷禪師每到一個地方，必創建樓觀，化行海內，大弘雲門宗旨。即使天衣義懷的禪法已經聞名於世了，他仍不敢告訴師父雪竇重顯。據說他上堂經常舉唱的雲門曲是：「譬如雁過長空，影沉寒潭，雁無留蹤之意，水無留影之心。」有一天義懷座下一名僧人來到雪竇重顯這裡，重顯禪師問那僧，義懷禪師平日舉唱什麼？那僧如實以對。重顯禪師一聽，大加讚賞，便派人前去撫慰。

義懷的舉唱，體現禪宗無住生心與水月相望的美學，表現雲門袪除六根黏著六塵的感悟，澄明而空靈。這也是雲門宗由色悟道，身心脫落的妙境。鴻雁飛過長空，並無心留駐長空中；牠的影子倒映在潭水上，水也無心留住雁影。人的一生，縹緲孤鴻影，鳥跡無自性，以無心隨因緣生滅，方能自在。就像明月普照萬象，當體空明。這首雲門曲深深打動蘇東坡的心，東坡在貶謫的路上，他想起弟弟蘇轍（字子由）給他的〈澠池懷舊〉詩，也和了一首〈和子由澠池懷舊〉，詩的前四句說：「人生到處知何似，恰似飛鴻踏雪泥；泥上偶然留指爪，鴻飛哪復計東西？」鴻雁無心，哪計較飛往東或飛往西，而雪泥上的鴻爪隨因緣生滅，也一樣留不住任何痕跡。《楞嚴經》說：「觀諸世間大地山河，如鏡鑑明，來無所粘，過無蹤跡。」參禪者臻此境界，看世間萬事萬物，如同大圓鏡中映現萬物一樣，萬象了然，而又杳無蹤跡。如此水月相忘，境象玲瓏，如寒山詩說：「吾心似秋月，碧潭清皎潔。」

雲門宗對生命的啟悟是超越死生的，使人能從容靜觀生命現象的變遷，體現去住一如，心如明月純淨皎潔。義懷開悟的驪龍明珠，以如此一首雲門曲而輝映千古。（蕭麗華）

〔臨濟宗〕

臨濟義玄〈臨終偈〉

（唐・？—八六六）

沿流不止問如何，
真照無邊說似他。
離相離名人不稟，
吹毛用了急須磨。

南宗禪六祖惠能門下，有青原行思與南嶽懷讓兩大系統。從唐末到宋代初期，形成了所謂「五家七宗」的禪宗。也就是南嶽下有溈仰宗、臨濟宗，於臨濟宗下又分黃龍派與楊岐派；另一方面，青原之下，分曹洞宗、雲門宗、法眼宗。

提到臨濟宗的形成，得上推到南嶽懷讓與其門下馬祖道一所形成的洪州禪，而洪州禪真正的代表人物，是馬祖道一與其弟子百丈懷海。馬祖道一先隨懷讓習禪，後到福建、江西傳授禪法，他提出了「平常心是道」這一著名的詮釋；百丈懷海的《百丈清規》結合大、小乘戒律，首創了適合中國社會的禪宗叢林制度，如禪門中的「一日不作，一日不食」就是由懷海所提出。他們的思想反饋，彰顯出南嶽懷讓一系的門庭。其中，百丈懷海的貢獻更是與南泉普願、西堂智藏，並稱為馬祖座下三大士。這是臨濟宗分燈的前導。此後，百丈懷海傳黃檗希運，黃檗希運再傳臨濟義玄，使原本興榮於華中一帶的臨濟南嶽系統發展至北方，而形成中國禪宗諸系中最興盛的臨濟宗。禪宗流傳到現代，多數為南嶽下的臨濟宗，宗門有所謂「臨濟兒孫滿天下」之說。

臨濟棒喝，大揚宗風

臨濟宗的創始人義玄，曹州南華人（今山東省菏澤市），俗姓邢，生年不詳。幼而穎慧，長以孝聞，《五燈會元》說他：「幼負出塵之志，及落髮進具，便慕禪宗。」義玄落髮受戒後，就喜歡禪宗，且「精究毗尼（戒律），博賾經論」。禪宗史上記載著義玄拜入黃檗座下，最後黃檗指示他去求教大愚禪師才徹悟。義玄悟後回到黃檗座下，深得信任，黃檗曾對義玄說：「吾宗到汝，大興於世。」

臨濟宗因它的創始人義玄在鎮州臨濟院，大揚宗風而得名。禪宗史上自古有「臨濟喝」、「德山棒」並稱。《祖堂集》卷七十九指出，臨濟義玄「雖承黃檗，常贊大愚，至於化門，多行喝棒」。棒喝無疑是臨濟宗教禪學禪、接引學人時，一種最常用的方便施設。這種方式貫穿於臨濟宗的一切禪行之中，是臨濟宗有別於其他各宗的一個基本點。義玄後來長期住在鎮州（今河北省石家莊市正定縣）城東南滹沱河畔的臨濟院，當時學侶雲集，提出四賓主、四照用、四料簡、三玄、三要等主張，自成一家宗風。義玄圓寂的時間，有一說是咸通七年（八六六），也有說是咸通八年（八六七），諡「慧照禪師」，塔曰「澄靈」。

禪詩賞析

禪門五宗以臨濟為首，不僅流傳最久，影響也最大，這與創立者義玄的禪法有關。究竟臨濟義玄的禪法特色為何呢？簡單來說，義玄要求弟子首先必須對佛法、解脫和修行建立真正的見解，確立自己對自性的認知，心、佛、眾生等無差別，不需向外求佛覓祖、尋求解脫。他主張修行不離日常生活，「隨處作主，立處即真」。「臨濟喝」、「德山棒」不外是要阻斷向外尋求的攀緣心，也就是這首詩偈說的：「沿流不止問如何，真照無邊說似他。」

本詩的「沿流不止問如何」，是說心若外求，生滅不斷。人的心念每一分、每一秒都被思想、欲望、情緒、意識等心思牽動，由生到死永不停歇，猶如一股滾滾洪流，滔滔不絕。我們被這股生生不息的瀑流牽引，而失去認清本來面目的機會，只有當下一喝，截斷眾流，才能現自性乾坤，才是照見真心的「真照」。而「真照無邊說似他」，則是說若能當下做主、照見真心，內在風光無邊無際，哪來主客對立、自我與他者的分別？這就是臨濟義玄所謂的「無位真人」。「無位真人」三身具足，與《六祖壇經》惠能傳授無相戒時所說「清淨法身佛」、「千百億化身佛」、「當身圓滿報身佛」，此三身佛皆「從自性上生」的道理是一樣的。

臨濟禪師在臨終前寫下這首詩，要求弟子「離相離名」，破除人我與一切經教言說。領悟自性，必須外離一切相，「離相離名」指不著相、不著文字，一切名相、文字都不是人天生稟賦的，人的稟賦是天然本具、不費吹灰之力可得的。一旦能領悟這個道理，就是「離相離名人不稟」。悟道本身就是得到一把智慧寶劍，古代稱能斷毛髮的利劍為「吹毛」，一旦得此鋒利寶劍，就是頓悟自性、照見真心。但是，悟後還需起修，如果心中有了自己已得寶劍的想法，就很容易產生執著，反成修行障礙，所以說「吹毛用了急須磨」。

臨濟的「三玄三要」，指玄中玄、體中玄、句中玄的要點，這不是一般文字，主要是禪宗般若法所謂的人、法兩空。禪師常用「四料簡」也就是四種消除弟子執著人我、法我的方法。這四種簡別法，有時奪境不奪人，有時奪人不奪境，有時人境俱奪，有時人境俱不奪，都是針對弟子根機所開出的指導方法。而奪人指向「人空」，奪境指向「法空」，人、法兩空才是真照。

其實臨濟的棒喝其來有自，在馬祖道一的時代往往就採激烈手段，例如《景德傳燈錄》卷八記載：「（僧）問：如何是西來意？師便打，曰：我若不打汝，諸方笑我也。」「洪州水老和尚，初問馬祖：如何是西來的意？祖乃當胸踏倒。師大悟。」這兩段文字可見馬祖道一當年用打、用踏的，激烈程度不下棒喝。

《景德傳燈錄》卷十二記載了義玄受黃檗指導得法的經過，義玄問黃檗：「什麼是達摩祖師西來所弘傳的佛法真義？」黃檗一聽，就直接打他。義玄問了三次，就被連打三次。挨打後的義玄，在黃檗的指示下去參了大愚禪師。大愚問他：「黃檗教了你什麼？」義玄便說被和尚三問、三打，不知過錯在什麼地方？大愚說：「黃檗是對你有所期待，才用這種方法把你逼到死角，而你到現在還以為自己是犯了錯才被打。」義玄一經大愚的開解才徹悟。就連一代禪師臨濟義玄登場前，尚且如此挨棒，可見臨濟這一系列的峻烈禪風，從道一到希運再到義玄，透過警醒而教導、提昇弟子的方法，相當具有啟示性。臨濟義玄的禪風，直指人心，孤明歷歷，雖然教學方法嚴峻，但其中「自性是佛」、「即心是佛」的核心思想，仍然承襲自六祖惠能。

臨濟禪繼承了惠能與洪州禪以來的思想原則，在解脫方法上向前邁進了一大步，用更為激烈的手段直接逼迫修行者面對自我。這種看似異端的教學方法，「逢佛殺佛，逢祖殺祖」，如雷迅猛地訶佛罵祖，棒喝交

施，其實是大機大用的活殺自在。臨濟因此以其鮮明的宗風，在禪宗史上取得五家中的優勢地位。（蕭麗華）

〔臨濟宗〕汾陽善昭〈示眾偈〉

（北宋・九四六－一〇二三）

春雨與春雲，資生萬物新。
青蒼山點點，碧綠草勻勻。
雨霽長空靜，雲收一色真。
報言修道者，何物更堪陳。

首山省念禪師及其弟子為北宋臨濟宗的中興者，在他的門徒中又以汾陽善昭最具影響力。汾陽善昭為宋代臨濟宗第三世大師，俗姓俞，太原人。他在年少時，對佛法就有非常高的資質稟賦，而能得到與古德先賢相同的見解。十四歲那年，父母相繼去世，孤苦無依，體驗到世間無常而剃髮為僧。善昭的特色是遍參天下善知識，前後一共參訪過七十一位善知識，直到訪汝州首山，禮首山省念禪師才徹悟。善昭悟道後在湖廣之間雲遊，名重當時，各地太守都爭相競邀。後來接受契聽禪師一句「以佛法為重」的建言而受邀入主汾州太子院，人稱「汾陽善昭禪師」。

帶動文字禪風氣

禪宗自創宗以來，主張不立文字，教外別傳，直指人心，見性成佛。此宗風在中國思想史上別開生面，獨樹一幟。它貶抑傳統經典，摒棄語言文字，注重直觀體驗，強調當下即是。至中唐後，這股思潮逐漸走向訶佛罵祖、非經毀教的現象，特別是中唐以下的臨濟宗禪僧們，大辟機用，棒喝齊施，強調自證自悟而不執著於語言文字。然而，入宋之後，不立文字的禪宗，一變而為不離文字的禪宗，不僅「語錄」日繁，而且大型「燈錄」也相繼出現。禪師們評唱公案，參悟話頭，使原有的禪風為之大變，遂形成宋代的「文字禪」。

禪宗在善昭傳法的過程中，開始走向文字禪的運用，不僅經常引述以往禪師的語錄，還常藉著代語、別語、詰語等禪語表達方式加以發揮。影響最大的是，善昭從流傳於叢林之間的禪語公案中，選擇出一百則以偈頌的形式加以評述，編撰成《頌古百則》，加上他生前已有語錄文集《汾陽無德禪師語錄》、《汾陽禪師語錄》、《汾陽昭禪師語要》等傳抄於叢林之間，一時帶動起宋代文字禪的風潮。

汾陽善昭禪師的禪風培養出十幾位才智出眾，並且具有很高活動能力的弟子，相繼傳法於大江南北。可以說，自從進入北宋後期，傳布於各地的臨濟宗幾乎皆屬於善昭的法系。善昭禪師有「六根永滅邪思漏，便得光明解脫身」一句，所以禪者皆斷定其修行高深。他的嗣法弟子石霜楚圓，門下有慧南、方會分別開創了黃龍、楊岐兩派，完成了中國禪宗「五家七宗」的格局。這就是中國佛教史統稱的「五家七宗」，即：臨濟宗、溈仰宗、曹洞宗、雲門宗、法眼宗和臨濟宗的黃龍派和楊岐派。然而實際情況是，自此以後臨濟宗已經不再單獨存在，門下不是屬於黃龍派就是屬於楊岐派了。

禪詩賞析

善昭在首山省念處悟道，所悟的境界如何呢？北宋詩僧惠洪覺範主張「詩為文字禪」，而汾陽善昭這首〈示眾偈〉不但是典雅的詩，更是絕佳的文字禪。整首詩寫春天活活潑潑的生機，雲行雨施，萬物生生不息，崖上青蒼綠苔點點，大地碧草勻勻如茵，這是晴空雨霽的寧靜世界，景色與人的內在自性純淨如一。原來心性本體如此鮮澄、淵靜，能行雲化雨、滋潤萬物，萬物萌生的動態與如如不動的內在原是一體。

用古典詩的標準來看，這首詩寫悟境而能情景交融，心物合一，語文與內涵都是詩歌雋品，已非尋常示道的詩偈；以禪境來看，這是臨濟宗

「人境俱不奪」、青原惟信禪師所謂「依前見山祇是山，見水祇是水」的境界。宇宙的真理——「真如空性」是遍布一切，此詩如實呈現此中消息。透過眼根，自性這位「無位真人」看到了真善美的山河大地，那雲、雨、萬物、青蒼、綠草、晴空，入眼即真，映顯出自如的本性。這等體驗與善昭的名句「六根永滅邪思漏，便得光明解脫身」等齊。

禪者的世界是自由自在、來去自如的。汾陽善昭禪師最有名的公案就是死生自在，金蟬脫殼。善昭禪師悟道後最怕住持地方，所以每次當各地郡守請他去住持名剎道場，他都一概拒不就任，前後共有八次。有一次，龍德府尹李侯，過去與善昭禪師私交甚篤，想請善昭禪師去住持承天寺的道場，怎麼請他都不肯去。李侯派了三次專使往返迎請，第三次使者回去，受到李侯嚴厲的斥責，如果請不來善昭禪師，將受死罪重責。使者第四次來請禪師，急得聲淚俱下：「大師！請您慈悲！我請不到您，回去要受處死！」說罷，竟放聲大哭起來。善昭禪師笑著說：「我因老病纏身，所以不想去，李侯一定要我去，好吧！你先回去，我隨後便來。」於是，汾陽善昭禪師招呼大眾設齋，一面吃齋，一面派人為他治裝，一切都準備好以後，他對大眾說道：

「老僧去也，有誰能跟隨我？」

有一僧說：「弟子願隨老和尚去！」

禪師問：「你一天能行多少路？」

僧答：「我一天能走五十里路。」

禪師說：「太慢了！你不能隨我去。」

又有一位僧人站起來說：「我願隨和尚去！」

禪師問：「你一天能行多少路？」

僧答：「能走七十里。」

禪師說：「你也太慢了！隨不得老僧。」

最後，侍者出來說：「我隨和尚去！」

禪師問：「你一天能行多少路？」

侍者答道：「和尚到哪裡，我就能到哪裡。」

禪師點頭道：「你隨得老僧。」過了會兒，又對侍者說：「我先行矣！」

一聲行矣，禪師忽然停箸不動。侍者見師已去，也站到禪師身旁，立化而去。

原來他們不是要去承天寺，是因為被李侯催逼，提早往生去了！《佛祖歷代通載》卷十八記載：「（師云）吾先行矣！停箸而化。」善昭禪師和他的侍者都能自在來去，或坐化或立化，這則公案讓我們見證活生生的自由解脫。善昭禪師世壽七十八，僧臘六十五。謚號「無德禪師」。

洪州禪系在河北的發展形成臨濟宗，創始人臨濟義玄在鎮州臨濟院舉揚宗風，臨濟的三玄三要到汾陽善昭〈三要頌〉才得名，可見善昭帶動起「文字禪」的意義，乃是從超俗脫塵的棒喝機用之後，翻轉成為禪文化的大用。這位北宋中期的臨濟宗著名禪師，禪詩創作頗具特色，有大量的《擬寒山詩》、《牧童歌》、《證道頌》等組詩集中收錄在《汾陽錄》中。他所創作的《頌古百則》開禪宗頌古詩先河；他的《牧童歌》上承寒山詩風而更具文學藝術性；他大規模地以詩歌將牧牛象徵為調心，是禪宗《牧牛圖詩》的嚆矢，我們從中可了解禪宗《牧牛圖詩》的思想與藝術淵源。禪宗本具的詩偈傳統，到善昭之後更為精彩，詩歌與禪機、禪境之間更渾融合一。（蕭麗華）

〔黃龍派〕黃龍慧南〈趙州吃茶〉

（北宋・一〇〇二—一〇六九）

相逢相問知來歷，
不揀親疏便與茶。
翻憶憧憧往來者，
忙忙誰辨滿甌花？

臨濟宗因創始人臨濟義玄在鎮州臨濟院舉揚宗風而得名，開始時創建於北方，分布在河北三鎮，到石霜楚圓以後轉入南方，此時的臨濟宗已成為南方禪宗的主力。石霜楚圓傳黃龍慧南、楊岐方會、道吾悟真等，尤其慧南和方會門下的法席特別興盛，且各自舉揚宗風，因此形成黃龍派和楊岐派。禪宗史上將這兩派和禪宗五家，合稱為「五家七宗」。

慧南俗姓章，信州玉山人（今江西省上饒市玉山縣），是臨濟下八世，臨濟宗黃龍派初祖。他十一歲出家，十九歲受具足戒。其後，入廬山等佛教聖地，歷參諸師。先依泐潭懷澄學雲門禪，後參臨濟宗人雲峰文悅，文悅對他說：「雲門氣宇如王，甘死語下乎？」意思是說，雲門末流會死在句下，不能參死語，要參活語，因此指點他去參臨濟宗的石霜楚圓。後來，他經過楚圓的錘鍊而得悟，為楚圓所印可。然後前往同安（今福建省廈門市同安區）崇勝禪院開法，既而移住廬山歸宗寺。宋景祐三年（一〇三六），在隆興黃龍山振興禪宗，曾豪邁宏闊地說「黃龍出世，時當末運，擊將頹之法鼓，整已墮之玄綱」，顯然以振興禪宗為己任，果然法席盛極一時。宋熙寧二年（一〇六九）示寂，世壽六十八歲，戒臘五十年。宋徽宗諡號「普覺」，所以後人也稱其為「普覺禪師」。有《黃龍慧南禪師語要》、《書尺集》各一卷行世。

創立黃龍三關

黃龍慧南悟道後曾說：「道遠乎哉？觸事而真！聖遠乎哉？體之即神！」也就是說，道不在遠方，就在你所接觸的事物中；聖人也離我們不遠，只要當下能領悟到這一點，也就與諸聖神會了。這思想出自馬祖道一的「平常心是道」，也是臨濟宗「立處即真」、「觸目而真」的精神。慧南禪師主張萬物都是「真如」的化現，「極小同大」，「於一毫端，現寶王剎」；「極大同小」，須彌山可納入芥子中，也是《華嚴經》一即一切、一切即一的妙旨。他創立「黃龍三關」，促進了禪宗叢林「話語」的活用，影響深刻，促成了「看話禪」的產生。

慧南禪師的「黃龍三關」，主要是他用以接引學者的「生緣」、「佛手」、「驢腳」三問，當學人請法時，禪師總是先問：「人人都有生緣，你的生緣在哪裡？」接著伸手再問：「我手何似佛手？」最後垂腳再問：「我腳何似驢腳？」用這三句活語交替來試探學人，挑起學人最深沉的疑情，疑情困極而通，學人往往能觸機開悟。早在百丈懷海時，就曾以三句話盤問參學者，認為「若能透得三句過」，便領悟了禪的真諦，獲得身心脫落的自由。臨濟義玄的「三玄三要」妙說，也是如此，這都是「黃龍三關」的淵源。

宋代文士黃庭堅把慧南禪師的「三關」之法比作大熔爐，說它「自為爐而熔凡聖之銅」，表示這種禪法妙要，能切中凡聖之機。此三關的語言完全跳出了當時人的思維和窠臼，成為學人們參究的主要話頭之一，人們稱之為「活語」，後代禪人因參此「三關」和公案而明心見性的，大有人在。

關於「黃龍三關」的法旨，慧南禪師曾作三則頌偈來解釋。

慧南第一頌云：「生緣有語人皆識，水母何曾得離蝦？但見日頭東畔上，誰能更吃趙州茶？」這是說「生緣」關，表層指人的姓氏、籍貫等，是學人入寺參學必先通報的自我介紹。但在慧南禪師的話中，並不是要問這些表面的自我認識，而是要試探學人是否有吃趙州茶的本領。

「吃趙州茶」本是一則公案，禪宗道場用得很多，看似平常，卻可顯示學人禪修的根機。這好比禪宗三關的「破初關」，「生緣」為初關，表層意義是每個人對自己的出身、經歷都很熟悉，但禪宗所說的「生緣」，是指生命的根本來處，即「本來面目」，如果沒有回頭認識自己的「生緣」，不見性、不開眼，如同水母借蝦為眼，每天只是看日升月落，不懂歇歇心去品趙州茶。

慧南第二頌曰：「我手佛手兼舉，禪人直下薦取。不動干戈道出，自然超佛越祖。」這首頌解釋第二關「佛手」，從禪理上設問，試探學人對禪法的敏感度，用以消除法執。過了「生緣」的初關，虛空粉碎，當更精進破「佛手」的重關。心、佛、眾生等無差別，我手即佛手，佛我不二，這才是真正的明心見性，光明照徹。我手佛手兼舉，也就是即心證取，證悟自己本是天真佛，因此禪法不需動任何干戈，即心是佛，已然明心見性，明心見性就是超佛越祖了。

慧南第三頌曰：「我腳驢腳並行，步步踏著無生。會得雲收日卷，方知此道縱橫。」此頌緊扣涅槃無生境界，啟發學人把握自性，脫盡生死牢關，同時拋棄我執、法執，進入縱橫自在的境界。萬法為心，一切法深的顯現都與自己同一。我手佛手並舉，我腳驢腳並行，上同佛道、下同眾生，是從破我執到破法執，此時完全撥雲見日，認得佛我不二也認得悟我不二，破重關後又破生死牢關了。

禪詩賞析

而本次所選的禪詩為黃龍慧南詠〈趙州吃茶〉，就等同慧南的第一關問「生緣」，呼籲學人要返觀自性以破初關。開頭兩句：「相逢相問知來歷，不揀親疏便與茶。」在「趙州茶」的公案中，趙州禪師對任何來參的學人都回應以「喝茶去」，一句「喝茶去」充滿禪機：「我來過嗎？我是誰？父母未生我時我是誰？誰在喝茶？」「茶」代表道、禪、自性的清淨心，或明心的「心」和見性的「性」。明心見性，即識「生緣」，識「本來面目」，當然知道我是誰了，此為破初關。此詩前兩句談的是已悟的行者，他明辨緣起，卻無住無別，不揀親疏；後兩句：「翻憶憧憧往來者，忙忙誰辨滿甌花？」翻過來感嘆來來往往、頭出頭沒的，懵懵懂懂的眾生，因懵懂而不知道要回頭觀心，只是憧憧（心神不定的樣子）往來於有限的人生與生死長河中，若能自心自悟，禪悟的花朵就會滿盆盛開。

「黃龍三關」展示了慧南禪師接引學人的手法，不用死板的言語，也不像臨濟宗的末流濫用棒喝，而是充分醞釀疑情，將學人的思維推上絕路，再伺機推一把，使其大疑大悟。對此，慧南禪師曾作一首〈總頌〉說：「生緣斷處伸驢腳，驢腳伸時佛手開。為報五湖參學者，三關一一透將來。」生緣斷處感悟心性空寂，驢腳伸時物我不二，黃龍慧南禪師就是以此三關報答來自五湖四海的參學者。慧南詠〈趙州吃茶〉，正是勸修的招喚，初關的開始。禪者感悟相應的當下，禪詩呈現的是禪機所開展的美感，是悟者內在的風光，是滿甌的禪花。（蕭麗華）

〔楊岐派〕虛堂智愚〈一重山了一重雲〉

（北宋．一一八五—一二六九）

一重山了一重雲，
行盡天涯轉苦辛。
驀箚歸來屋裡坐，
落花啼鳥一般春。

石霜楚圓的弟子中，慧南的法系成為黃龍派，方會的法系成為楊岐派。比較而言，黃龍派興盛在前，但流傳的時間較短，大體在進入南宋以後便走向衰微，楊岐派雖然興盛在後，卻流傳至今，對後世影響較大，故世人以楊岐派為臨濟宗正脈。而楊岐派傳到南宋時，更有虛堂智愚大興宗風，使臨濟禪法東傳日、韓，影響東亞佛教深遠。

生命如春，處處禪機

虛堂智愚，號息耕叟，明州象山人（今浙江省寧波市象山縣），俗姓陳。十六歲時隨同邑普明寺的師蘊法師出家，後得法於安吉州道場山護聖萬歲禪寺（今浙江省湖州市）的運庵普巖禪師，是臨濟宗第四十代。南宋理宗的紹定二年（一二二九），在嘉興府興聖寺出世。從虛堂住持興聖寺開始，後四十年間，又在其他九處名山大刹住持。即嘉興府天寧寺、嘉江府顯孝寺、慶元府瑞巖開善寺、慶元府萬松山延福寺、婺州雲黃山寶林寺（雙林寺）、明州阿育王山廣利寺、杭州北山靈隱寺、南山淨慈寺、徑山興聖萬壽寺。特別是位列五山之首的徑山寺，做徑山第四十代十方住持時，更影響東亞的書道、茶道等禪文化。後受高麗國王延請居住高麗八年。卒於咸淳五年（一二六九），年八十五。有《虛堂智愚禪師語錄》十卷，為臨濟宗的重要語錄，集錄虛堂智愚的法語、偈頌、詩文，收入《續藏經》。

楊岐方會的禪學思想，是在臨濟宗思想原則上別立新意，他繼承臨濟義玄「立處即真」的主張，認為佛法無處不在，不必尋覓，當處發生，隨處解脫。但是方會的禪法也向雲門靠攏，《景德傳燈錄》說他：「提綱振領，大類雲門。」譬如，他上堂說法云：「霧鎖長空，風生大野，百草樹木作大師子吼，演說摩訶大般若，三世諸佛在你諸人腳跟下轉大法輪。若也會得，功不浪施；若也不會，莫道楊歧山勢險，前頭更有最高峰。」這段話是說宇宙萬有都是真如佛性的變現，說得如同雲門三句中的「函蓋乾坤」，有君臨天下之勢。

在教學方法上，楊岐禪風靈活多變，史家稱他「宗風如龍」。楊岐方會有一優於黃龍慧南的特點，善用生命活潑如春的象徵來化導學人。有一天，方會一上堂，供養主就問：「雪路漫漫，如何化導？」師云：「霧鎖千山秀，迤邐問行人。」僧問：「如果有人問楊岐意旨，該如何說明？」師曰：「大野分春色，岩前凍未消。」他循循善誘，用春天的禪詩與意象來引導學人，不論是雪路漫漫或迷霧封鎖，真如自性如千山秀麗，如大野春色，始終存在那裡。

禪詩賞析

虛堂智愚也繼承楊岐禪風，善用生命如春的象徵來化導學人，這首〈一重山了一重雲〉就是如此。開頭兩句「一重山了一重雲，行盡天涯轉苦辛」，世人參禪的路程，往往不知方向，一重山過一重雲，歷經千辛萬苦。等到回頭歸家，才發現自己的生命已經如春天燦發，這就是後兩句「驀箚歸來屋裡坐，落花啼鳥一般春」的象徵。這首詩與宋代女尼的悟道詩異曲同工，詩云：「終日尋春不見春，芒鞋踏破隴頭雲。歸來笑拈梅花嗅，春在枝頭已十分。」一樣是寫求道開悟的過程，千山萬水地去尋求，等到歷盡了千辛萬苦，回到屋裡，才發現道不在別處，就在春天的枝頭，在眼前的落花啼鳥。返本歸源、回歸自性，並不是走向寂滅，而是燦發生機如春天一般。

楊岐派禪人主張凡聖一如，淨染不二。從凡境切入，在淺近的凡境上建立禪悟的生命基礎。虛堂智愚說：「一大藏教，不出個鴉鳴鵲噪；九經諸史，不出個之乎者也。」滾滾紅塵、鴉鳴鵲噪，就是一部《大藏經》，就像一切經史都是之乎者也一樣。在鴉鳴鵲噪的凡俗世界體悟自性，並非遠離世界，一旦春在枝頭，觸目菩提是喜氣洋洋地擁抱這個世界。虛堂智愚還有一首以春天擬寫萬物欣欣向榮的詩：「煙暖土膏民氣動，一犁新雨破春耕。郊原渺渺青無際，野草閒花次第生。」像極一幅早春圖的描寫，萬物破土萌生，悟境如春，悟者當施雲作雨，在無垠的天地間，禪花次第開放。這首詩流露出虛堂智愚對生命的熱愛與禪者的喜悅。自然景色，天機如實地呈顯，楊岐派運用穠麗之筆，描寫迎面而來的春色，生動表現乾坤大地含藏的禪機與禪悅。

虛堂智愚活躍於南宋時代，不僅駐錫高麗八年，廣受高麗國王與百姓愛戴，也影響日本臨濟宗與茶道、書道等禪文化。開慶元年（一二五九），日本僧人南浦紹明入宋求法，就到杭州的淨慈寺拜虛堂智愚為師。虛堂前往徑山住持時，紹明也跟去徑山學習，最終得虛堂的印可，成為法嗣。紹明回國前向虛堂求取法語，虛堂以一首詩偈送行，〈送日本南浦知客〉詩云：「敲磕門庭細揣磨，路頭盡處再經過。明明說於虛堂叟，東海兒孫日轉多。」景定五年（一二六四），日本僧人寒岩義尹攜帶永平寺開山高祖的《道元語錄》入宋，次年到淨慈寺拜謁虛堂並請虛堂為《道元語錄》做跋，虛堂所作的〈跋〉也傳入日本。

日本鎌倉淨智寺禪僧無象靜照，曾於西元一二六二年拜訪虛堂智愚，三年後返回日本，其後成為京都佛心寺的開山祖師，虛堂智愚禪師時年八十歲左右，也寫了給「日本照禪者」的法語相贈，這都是目前日本所藏的虛堂墨寶。南浦紹明禪師，後來成為京都大德寺、妙心寺兩派禪宗的直系祖師。由於大德寺和茶道關係密切，因此虛堂智愚禪師的墨蹟成為歷代茶道家的珍寶。南浦紹明傳宗峰妙超，妙超開創了京都大德寺，成為臨濟宗大德寺派的開山祖師；妙超的弟子關山慧玄，開創了京都妙心寺，成為臨濟宗妙心寺派的開祖；虛堂的七世法孫大德寺的一休宗純，傳法於日本茶道始祖村田珠光，珠光創立草庵茶，傳武野紹鷗，紹鷗傳千利休，利休成為日本茶道千家流的始祖。

日本禪宗的核心宗派、茶道書道等禪文化界，都以虛堂為祖師，由此足見虛堂的禪詩、禪法與書法，影響深遠而廣大，是東亞禪文化共同的瑰寶。（蕭麗華）

參

居士禪詩

孟浩然〈題大禹寺義公禪房〉

（唐・六八九—七四〇）

義公習禪寂，結宇依空林。
戶外一峰秀，階前群壑深。
夕陽連雨足，空翠落庭陰。
看取蓮花淨，應知不染心。

「詩中有禪，禪中有詩」詩禪合流所呈現的禪境美感，千百年來引得無數中國文人嚮往能以禪心自在過生活。佛教傳入中國後，與儒、道交流融入中國文化，隨著唐代文士學佛習禪的風氣鼎盛，既讓中國文學蛻變成新生命，也開啟佛教弘法新篇章。

山水田園詩派開創者

孟浩然是盛唐山水田園詩派的開創者，他的禪詩提昇了創作意境，帶動了中國文人以禪語入詩的風氣，也透過詩歌創作來展現禪機、禪趣，王維、李白、杜甫的詩作都深受他的影響。李白曾寫詩直述對他的推崇與景仰：「吾愛孟夫子，風流天下聞。」

「孟山人」是孟浩然的外號，四十歲以前，一直隱居在家鄉襄陽，故世稱「孟襄陽」，東漢末年的龐德公、諸葛亮（臥龍）、龐統（鳳雛）、司馬徽（水鏡先生）也都在這裡隱居。他的家境不錯，祖上留有一份田產名為「澗南園」，讓他的鄉居生活過得悠哉愜意，創作了許多優美的田園詩。襄陽自古有隱逸文化傳統，而隱逸文化與佛教的出世淡泊名利等觀念，不謀而和，加上東晉的道安大師長年在此傳揚佛法，奠定了佛教中國化、本土化的紮實根基，所以襄陽也成為佛教文化發展的沃土。

孟浩然曾拜明禪師為師，學習禪法。明禪師屬於北宗禪，北宗禪創始人神秀繼承五祖弘忍的「東山法門」，以「觀心」、「看淨」為禪法要領，以認識自己本來清淨的佛性為修行目標。「東山法門」透過「坐禪」來「守真心」，北宗禪則以坐禪脫離對物欲世界的追求，實現內心清淨無染，達到「凝心入定，住心看淨，起心外照，攝心內證」境界。孟浩然所說的「幼聞無生理，常欲觀此身」，便是北宗禪法的義理。

除了兩次離開襄陽外出遊歷和考科舉，孟浩然其餘時間皆在襄陽的鹿門山隱居，與鹿門山寺僧人互動密切，他遍訪了襄陽的名山古寺，如：鳳林寺、龍興寺、景空寺、萬山寺、聽上人禪居、融上人蘭若等，而有許多充滿禪意的詩篇作品。〈陪李侍御訪聰上人禪居〉詩中寫道：「欣逢柏台友，共謁聰公禪。石室無人到，繩床見虎眠。陰崖常抱雪，枯澗為生泉。出處雖雲異，同歡在法筵。」可知在孟浩然的心靈深處，仍渴望能隱居以參禪學佛。佛教文化對孟浩然的思想和詩歌創作有很深的影響，他嚮往著僧人的修禪悟道生活，也想藉由佛法化解仕途的失意，堅定自己隱居學佛的決心。

禪詩賞析

孟浩然與宦途無緣，一世布衣百姓，〈題大禹寺義公禪房〉這首詩作於孟浩然科考失利後，漫遊吳越時。大禹寺位於浙江省紹興市塗山的南邊，詩人在遊覽大禹寺時，結識了一位心如蓮花、超凡脫俗的高僧義公。通過描寫義公禪房的山水環境，襯托出義公的光風霽月、瀟灑物外，詞句清淡秀麗，是孟詩藝術的代表作之一。

一開始，孟浩然先描寫義公禪修的地方。首聯：「義公習禪寂，結宇依空林。」「禪寂」是佛家語，佛教徒坐禪入定，思惟寂靜，如《維摩詰經》所說：「一心禪寂，攝諸亂惡。」義公為了「習禪寂」，在空寂的山裡修築禪房。頷聯：「戶外一峰秀，階前群壑深。」指一開門便能望見一座挺拔秀美的山峰，台階前連著幽深的溝壑。從位置上來說，義公禪房遙對遠峰，俯視群壑，足見其高。階前群壑起伏，連綿縱橫，又見禪房之深，有王維的「深林人不知，明月來相照」的空寂。頸聯：

「夕陽連雨足，空翠落庭陰。」到了黃昏時，在夕陽餘暉的映照下，綿密連線的雨從天而降。驟雨停後，山林顯得青翠欲滴，映綠了庭院。

置身如此青翠空明的山色之中，能讓人洗心滌慮、斷絕妄念，所以義公選擇這裡修習禪定。詩人表面上讚美義公獨具慧眼，選擇這樣一處悠遠空寂的地方來禪修，其實也寄寓了自己對於遠離塵囂，習禪明心見性的渴望。

尾聯最後兩句：「看取蓮花淨，應知不染心。」以蓮花來讚美義公習禪的成果，義公的禪心已如「出淤泥而不染的蓮花」一樣清淨，不為塵念所染。這樣的幽寂清淨的景色，也正是禪師空明道心的體現。蓮花有清淨無染、光明自在的意思，詩人從寫景的清淨，再寫到人的清淨，即義公修行的境界已達禪宗所說的「明心見性」，不會再被任何塵念所染著了。

這首詩除了讚美、仰慕義公，能在離塵脫俗的幽靜環境中修習禪定，同時也寄託孟浩然想要習禪隱逸的情懷，希望能像義公那樣，遠離塵囂修出一塵不染的清淨蓮心，也勉勵自己不要再被名利所束縛。孟浩然從鹿門山出遊後，想經由舉薦求功名不果，次年四十歲時決定考科舉，卻意外地名落孫山。但其實他年輕的時候，一直想要學習龐德公隱居於世，所以詩作經常傳達出世離塵之心。他希望守住這樣的初心，像義公一樣堅定參禪習得蓮花清淨心。

全詩由景幽寫到心淨，從寫景到讚美義公修行的境界高遠。構思巧妙，層層遞進，相互照應，意境清遠。如果我們也能像義公一樣「看取蓮花淨」，就能在滾滾紅塵中修得「不染心」，感受都市中也有「空翠落庭陰」的悠然自得。（黃秀珠）

王維〈登辨覺寺〉

（唐・六九九—七五九）

竹徑從初地，蓮峰出化城。
窗中三楚靜，林上九江平。
軟草承趺坐，長松響梵聲。
空居法雲外，觀世得無生。

王維是第一個把文學和繪畫結合在一起的詩人，宋朝文人蘇軾曾說：「味摩詰之詩，詩中有畫；觀摩詰之畫，畫中有詩。」王維是以禪入詩的代表性人物，作品充滿耐人尋味的禪理、禪悟、禪趣。詩與禪的互相融合使得禪宗愈來愈中國化、詩意化。

詩中維摩詰

王維生於蒲州（今山西省永濟市），出生時，母親夢見維摩詰進入室中，故取字號「摩詰」，他的名與字合起來正是佛教中有名的「維摩詰」居士。他是盛唐山水田園派詩人、畫家、書法家，精通音律，與孟浩然並稱「王孟」。王維自幼天資聰穎，九歲便能詩文，十七歲時寫下著名的〈九月九日憶山東兄弟〉：「獨在異鄉為異客，每逢佳節倍思親。」至今仍令人傳誦不已。

王維的母親崇信佛教，師事北宗領袖也是神秀的高足普寂（大照禪師）三十年，所以他自小便隨著母親吃齋奉佛，坐禪誦經。《舊唐書・本傳》說他：「退朝之後，焚香獨坐，以禪誦為事。」故後人尊稱他為「詩佛」。

王維是先習北禪後學南禪。對於南禪思想上的省悟，得自於惠能的弟子神會。他本持北宗「住心看淨」的修行法門，曾問神會除了「淨」以外，是否還有其他解脫之道？神會回答說：「眾生本具清淨心，本具佛性，如果起心別求他佛，反而生出妄心，不得解脫。」王維從沒有聽過「明心見性」的說法，為之驚異而大歎神會「有佛法不可思議」，於是在神會的點悟之下，更進一步深入南宗堂奧。

開元十八年（七三〇），王維三十歲喪妻之後，正式皈依薦福寺道光禪師；四十歲隱居藍田輞川，作《輞川集》二十首。〈辛夷塢〉詩云：「木末芙蓉花，山中發紅萼。澗戶寂無人，紛紛開且落。」詩人從禪房靜室中走出來，把自然景物做為習心靜慮的對象，將禪意滲入山情水態之中。他描寫辛夷花在絕無人跡的地方默默地開放，又默默地凋零，亦即六祖所謂：「何期自性，本不生滅」、「何期自性，能生萬法」。每一朵花的剎那生滅，也正是禪者心念的生滅，唯有寂靜的境界，才能洞徹這繽紛的生機；也唯有寂靜的境界，才能不著生滅。

在王維二十首輞川山水詩集成的《輞川集》中，處處可見詩人這種無人空寂的境界，例如：「空山不見人，但聞人語響。」（〈鹿柴〉）

「深林人不知，明月來相照。」（〈竹里館〉）「人閒桂花落，夜靜春山空。」（〈鳥鳴澗〉）清人王士禛說：「王、裴《輞川》絕句，字字入禪。」正是揭櫫了這種無人之境與禪的關係。王詩的景趣較多，畫意較濃，意象鮮明豐潤，意境更清麗秀雅。王維把山水景色和農村生活結合起來，使晉末以來一直平行發展的山水詩和田園詩，這兩個藝術流派終於匯流合一，成為了山水田園派的代表詩人。

禪詩賞析

〈登辨覺寺〉這首詩作於開元二十九年（七四一）春，自嶺南北歸途中，描寫廬山僧寺的勝景。「竹徑從初地，蓮峰出化城。」大乘佛教將菩薩道修行者要經歷的十個階段稱為「十地」，「初地」即指菩薩十地之第一地，也稱歡喜地，這裡借指寺外的路徑。佛陀曾以「化城」為喻，講述一群商人飄洋過海去探寶，遇險惡之道，打算中途退回，商主為幫助他們，幻化出一座城池讓他們休息後，再繼續前行。化城譬喻的是緣覺乘和聲聞乘二乘涅槃的解脫之樂，看似為真，實則是幻。眾生在生死苦惱中，佛不得不以方便權巧，在中途化現一城，讓他們休息，為他們宣說二乘涅槃法，然後再迴小向大，就不會退懈了，唯有成佛才能真正得大涅槃。

「化城」在此指辨覺寺，意指作者登臨廬山上蓮花峰途中，忽然看見佛寺殿宇猶如化城。詩人沿著竹徑往上走，象徵菩薩的修行次第，從第一地歡喜地開始修行，也表達了詩人學佛的歡喜心。而辨覺寺就像是佛陀為了眾生所幻化的城池，在這裡參禪靜坐，悟得無生的佛理。

接下來描寫辨覺寺的景觀：「窗中三楚靜，林上九江平。」從窗戶裡看出去東、西、南三楚的曠野寧靜，林外的九江水平靜無波。「軟草承趺坐，長松響梵聲。」靜靜地結跏趺坐在鬆軟的綠草上，聽著松林傳來的梵唱聲，在天地皆寂靜中，品味世事，原來一切法性，其真實為空，不來不去，無生無滅。

「空居法雲外，觀世得無生。」「空居」有幽居的意思，亦指佛經中所說的「空居天」。天界分為欲界天、色界天、無色界天，其中欲界天又分為地居天和空居天。「法雲」指法雲地，是菩薩十地的最後一地。詩人巧妙地將佛語融入詩的境界中如：初地、化城、空居、法雲、無生，既點明了修行的次第，又呈現自己從觀靜中悟到的佛理，在幽靜的「法雲地」觀三千世界，感悟世間萬事萬物的生滅無常、生死輪迴不已，只有進入涅槃的無生之境，才能真正得到解脫。詩人在自然景物畫面中，寄寓佛教禪宗的無我之境、空寂之理，動靜之中引導人們領悟人生和宇宙妙諦的哲理。

六祖惠能說：「佛法在世間，不離世間覺；離世覓菩提，恰如求兔角。」王維雖然身在官場裡，但並未妨礙他一心向佛，可謂：「身在百官之中，心超十地之上。」現代人工作繁忙，身心的壓力都很大，若能依憑禪修，讓自己的生命獲得平靜與昇華，進而從生、老、病、死的輪迴中解脫，才不枉來人世間走一遭啊！（黃秀珠）

李白〈廬山東林寺夜懷〉

（唐・七〇一—七六二）

我尋青蓮宇，獨往謝城闕。
霜清東林鐘，水白虎溪月。
天香生虛空，天樂鳴不歇。
宴坐寂不動，大千入毫髮。
湛然冥真心，曠劫斷出沒。

傳說李白的母親因為夢見太白金星入懷，而後生下了李白，所以取字為「太白」。大眾熟知的「妙筆生花」成語，便典出李白。據王仁裕《開元天寶遺事・夢筆頭生花》記載：「李白少時，夢所用筆頭上生花，後天才贍逸，名聞天下。」李白有許多著名外號，如詩仙、謫仙人、詩俠，習佛後，自號青蓮居士，作品不只雄據盛唐詩歌半壁江山，禪詩也盛開如盛夏荷田。

尋佛訪禪的謫仙人

後世皆以為李白尋仙訪道，是道家的信徒，但其實他十五歲時，便已拜匡山大明寺廣慧禪師為師，在他的詩歌中，更有五十多首涉及佛家思想、修行悟理、參訪佛寺名勝等詩。詩中佛教的典故信手拈來，足見詩人對於佛理涉獵頗深。李白在〈答湖州迦葉司馬問白是何人〉詩中自述說：「青蓮居士謫仙人，酒肆藏名三十春。湖州司馬何須問，金粟如來是後身。」金粟如來是維摩詰居士的前身，維摩詰是佛教在家居士的典範，而李白儼然以為自己和維摩詰居士一樣，也是金粟如來的後身。

李白在〈贈僧崖公〉一詩，記述了自己學佛的經歷：「昔在朗陵東，學禪白眉空。大地了鏡徹，迴旋寄輪風。攬彼造化力，持為我神通……。」詩人追隨白眉空禪師學禪，因而能夠像明鏡一般地觀察大地萬物，明瞭三千大千世界是因緣輪轉而成，因業力因緣所感，所以眾生都在生死輪迴中無法超脫，自己憑藉著造化神力，因此具備了神通……。由此可知，李白對於佛理是有很深刻的體會。

一般人以為李白讀書不精，所以不敢參加科考，其實真正的原因是《唐六典》規定：「刑家之子，工商殊類不預。」也就是說，罪犯後代和工商子弟不能參加「科考」，李白是工商子弟，引薦便成為李白從政的唯一道路，因此李白二十五歲離家遠遊，便是為了得到官員的舉薦。他的足跡踏遍中國的名山古剎，也曾三上九華山，寫下數十首讚美詩。九華山位於長江下游安徽省池州市青陽縣境內，原名為九子山，是中國四大佛教名山之一，也是地藏菩薩道場。唐開元年間新羅王子金喬覺在此修行，被尊為地藏菩薩應世。

五十四歲初夏，李白回南陵時，接到詩友高霽邀請到池州遊歷，青陽縣令韋權輿得知李白在秋浦，特邀李白、高霽一道再上九華山。那日天朗氣清、雪後初晴，李白見此山雄奇靈美，形狀像蓮花，隨口吟唱「妙有分二氣，靈山開九華」，高霽接口「層標遏遲日，半壁明朝霞」，韋權輿也吟唱「積雪曜陰壑，飛流噴陽崖」，最後李白作結「青瑩玉樹色，縹緲羽人家」。這樣就有了〈改九子山為九華山聯句〉，一字之改，神來之筆，也成就了九華山的定名之作，九華山上的「金沙泉」又名「太白洗硯池」也是因為李白在此洗筆而得名，至今「金沙泉」三字依然清晰可見。

禪詩賞析

〈廬山東林寺夜懷〉是一首五言律詩，是李白晚年流放夜郎後遊廬山時所寫的作品。東林寺正對廬山香爐峰，四周群山環抱，門前為虎溪橋。是東晉名僧慧遠所建，慧遠大師在此潛心修佛著述，以寺前的虎溪為界，立下誓言：「影不出戶，跡不入俗，送客不過虎溪橋。」李白這次遊廬山，就是為了尋訪東林寺。

「我尋青蓮宇，獨往謝城闕。」青蓮宇指東林寺，青蓮是一種青色蓮花，花瓣長而廣，青白分明，一切蓮花中以青蓮為第一，是佛教的聖花，也代表著清淨智慧與不染。詩人為了尋找嚮往已久的東林寺，離開喧囂的潯陽城，獨自一人登上了廬山，在此也表達了詩人的追尋，希望從佛法中尋求心靈的超脫。

「霜清東林鐘，水白虎溪月。」夜宿在東林寺，飛霜讓東林寺的鐘聲更加清揚，皎潔的月光照在虎溪上，水面泛著白光。寺院的周圍幽靜清涼，古剎巍巍、法鼓醒心、梵鐘悠揚，這裡真是個修行的好地方。

「天香生虛空，天樂鳴不歇。」在這裡禪修靜坐，空氣中瀰漫著天香氤氳與天樂鳴奏，餘音繚繞、迴盪在寺中。天人喜歡讚歎佛事，奏天樂、散天花、熏天香，因飛行於空中，稱為「飛天」。只有梵行精進、智德高深的人，才能感得天香與天樂這樣的祥瑞，瀰漫在寺中。李白如能有這樣的體驗，表示他心性的高潔，修練的層次也很高。

「宴坐寂不動，大千入毫髮。」此處的「不動」是指「不動道場」，在這樣寂靜優美的環境中冥坐，讓心境寂滅，進入禪定，觀照領悟到大千世界進入毫髮的精妙體驗。心境寂滅時，即是不動道場，能體驗重重無盡的不可思議華嚴世界，果然是一花一世界，一葉一如來。

當心與境都寂滅時，即能達到「湛然冥真心，曠劫斷出沒」的境界。詩人進一步闡明若能斷伏妄心，冥合真心，就能超脫六道生死輪迴。如來的心安住在寂滅當中，安住在正念當中，具足無量的智慧、無量的功德，即所謂「涅槃寂靜樂」。詩人將內心的清淨與外境的清淨融為一體，以觀寂靜法來證得自性，便能開悟見性成佛。

生活在五濁惡世中，我們都希望能成為豁達自在的維摩詰居士，希望自己是一朵出淤泥而不染的青蓮花。透過禪修沉澱自我，可以看清生命的意義，讓心靈安住在清淨法喜中，不為塵世的欲望所汙染。李白的禪詩宛如一朵朵青蓮，如能常常採擷細品禪味，我們也能笑綻心蓮，以「禪心」活出生命的智慧。（黃秀珠）

杜甫〈望牛頭寺〉

（唐・七一二—七七〇）

牛頭見鶴林，梯逕繞幽深。
春色浮山外，天河宿殿陰。
傳燈無白日，布地有黃金。
休作狂歌老，回看不住心。

杜甫被許多文人視為「古今詩人第一位」，後人尊稱為「詩聖」和「詩史」。之所以名為詩聖，不只是因他憂國憂民、悲天憫人，更因詩作既集歷代詩作大成，又開創全新風格，引領風潮。他是唐代社會寫實派詩人的代表，作品宛如一部大唐興衰的紀錄片，而被稱為「詩史」。

從他的一千四百多首詩裡，也可覓得唐代禪宗發展軌跡。

這位詩聖曾說「詩是吾家事」，寫詩確實是他的家傳絕學，爺爺杜審言是中國近體詩的奠基人。然而由於母親早逝，父親杜閑長年在外地做官，小時候便寄養在洛陽的姑母家。姑母是一位虔誠的佛教徒，所以杜甫雖然深受儒家思想影響，佛法卻從小就深植於心。杜甫曾說自己：「讀書破萬卷，下筆如有神。」他不只博讀儒家詩書，更精通佛教典籍，將佛典精華融入詩句，從而豐富詞彙，並擴大寫作題材和文學想像，難怪能成為一代「詩聖」。

不忍眾生苦的詩聖

杜甫字子美，自號少陵野老，世稱「杜工部」、「杜少陵」，河南府鞏縣（今河南省鞏義市）人。杜甫二十歲時，結束了書齋生活，開始了他的漫遊生活，天寶三年（七四四）與李白在洛陽相識，和高適三人一起攜手同遊，結下深厚的友誼。杜甫在遊歷的過程中，也拜訪了不少的大德高僧。他的〈秋日夔府詠懷奉寄鄭監李賓客一百韻〉，詩句便云：「身許雙峰寺，門求七祖禪。」「雙峰」指禪宗四祖道信所居的湖北黃梅雙峰寺，「七祖禪」指北宗七祖普寂的禪法，這兩句詩表達了詩人對禪法的追求與信仰。杜甫生活在唐朝由盛轉衰的時期，原本仕途不順，在長安困居十年，四十三歲時經歷了安史之亂，改變了他的一生。杜甫中晚年的詩作，彷彿是大唐興衰的史詩紀錄片。儘管他求仕無門，懷才不遇，生活困頓，但他依然胸懷天下、心繫蒼生，看到因戰亂而流離失所的人們，他用詩記錄了當時生活的艱辛不易，也從中流露了慈憫之心，如他的〈茅屋為秋風所破歌〉：「安得廣廈千萬間，大庇天下寒士俱歡顏，風雨不動安如山。」便充分表達了他民胞物與的胸懷。

安史之亂爆發後，北方陷入戰亂，而蜀中因劍門天險之隔，成為躲避戰亂的樂土。杜甫的好友嚴武此時正奉旨節度劍南東西川，於是他決定投靠好友，開啟了「五載客蜀郡，一年居梓州」的「傍友」生涯。他在梓州（今四川省綿陽市）結廬而居，今稱「杜甫草堂」。杜甫於寶應元年（七六二）秋至廣德二年（七六四），寓居梓州一年零八個月，留下了近一百五十首詩作，其中的〈上牛頭寺〉、〈望牛頭寺〉、〈登牛頭山亭子〉三首，都是關於牛頭山的詩歌。

牛頭山位於三台縣城西，因山形似牛而得名。山上多亭台樓閣，樹木蔥鬱，自古以來就是人們休閒娛樂、登高望遠的好去處。三台，給了杜甫飄零孤苦人生中一段難得的安定時光。這時期的詩歌，恬靜淡泊、風格典雅清麗，有別於杜甫以往的沉鬱頓挫之作，是杜甫詩中難得的「小清新」。

禪詩賞析

盛唐是佛教文化最繁榮興盛的時候，尤以禪宗為最，而禪宗內名氣最響的除了「南能北秀」外，就是牛頭山的「牛頭宗」這一派了。這首詩就是杜甫參訪牛頭宗的鶴林禪師，下山後回望牛頭寺所寫。

「牛頭見鶴林」，描寫詩人至牛頭寺（即長樂寺）訪鶴林禪師，下山後回望遠方「牛頭寺」的情景。「鶴林」一指鶴林玄素禪師，一指釋尊在娑羅雙樹間入涅槃時，樹在一時之間開滿白花，好似白鶴群居。詩人遠望牛頭山的佛寺及山林間白花素淨，好似佛經中所說的「鶴林」。

「梯逕繞幽深」，一是實寫禪師的禪院就在深幽僻靜之所，拾級而上，石砌的台階回環曲折，需要穿過層層的幽林才能到達；二是虛寫禪師的禪法高深玄妙，猶如這上山的曲徑，需要虛心跋涉，努力求取。同時，詩人亦感受到佛寺的幽深靜謐，令詩人嚮往禪居生活的悠閒自在。他將此次上山與禪師問道習禪的感受付諸於詩文，詩人敬佩禪師不分白天、黑夜傳法不懈的熱切之情，想來這次見鶴林禪師，應該讓他對於參禪悟道有更深刻的體會。

「春色浮山外，天河宿殿陰。」「殿陰」指大殿的背後，春色瀰漫在牛頭山中，山高寺遠，連銀河都好像宿住在大殿後，禪院彷彿就坐落在天宮之上。

「傳燈無白日，布地有黃金。」牛頭寺禪師不分白日黑夜傳燈布道，功德無量，眾僧所傳的法比黃金還要貴重。古印度的憍薩羅國有一位「須達長者」，樂善好施，賑濟孤苦，當地人讚美他的德行，稱他為「給孤獨」。他聽說了釋迦牟尼佛的功德，希望為佛陀建造精舍，而祇陀太子的園地最適合。祇陀太子開玩笑地對須達長者說：「你若能用金幣布滿此園，我就賣給你。」須達長者毫不吝惜地將金幣鋪滿於地，太子因而被感動，便將樹林施捨出來。園地是須達長者買的，樹林是祇陀太子施捨的，釋迦牟尼佛因此把這個地方叫做「祇樹給孤獨園」。典故中的給孤獨願以黃金布地，換取聆聽佛法的機會，足見佛法的殊勝難得，故詩人以「布地有黃金」來比喻佛法能在世間廣傳的不易與珍貴。

「休作狂歌老，回看不住心。」「狂歌老」引用自《論語》的典故，孔子周遊列國時，有一個楚狂人接輿，唱著歌從孔子的馬車經過：「鳳兮！鳳兮！何德之衰？往者不可諫，來者猶可追。已而，已而！今之從政者殆而！」詩人感嘆自己已經年老，不應該再做狂吟之事，應該拋卻對世俗之物的執著，堅定修練，使心安寧清淨。詩人正是領悟到《金剛經》所說的「應無所住而生其心」，也是南宗禪以「無住為本」的思想精要，唯有不住相而生心，才能不被外境所染，才能斷除煩惱，悟得自性本心。短短的一首詩，巧妙引用了許多佛教典故，由此可見詩人的深厚學養。

杜甫雖然處身亂世之中，過著顛沛流離的生活，卻以筆為槳，以詩為舟，載著我們同看大唐的盛衰興廢，穿越禪宗發展的激流，從禪詩中「回看不住心」，無論一生榮辱成敗，都能度一切苦厄。（黃秀珠）

白居易〈寄韜光禪師〉

（唐・七七二—八四六）

一山門作兩山門，兩寺原從一寺分。
東澗水流西澗水，南山雲起北山雲。
前台花發後台見，上界鐘聲下界聞。
遙想吾師行道處，天香桂子落紛紛。

白居易現存詩作多達三千餘首，為唐代詩人之冠，在文學史上占有舉足輕重的地位，他的作品平易近人，老嫗能解。為了讓所有人都能聽懂、讀懂他的詩，白居易不斷反覆念誦、修改詩作，甚至改到舌頭生瘡、手指長繭，宛如著魔，因而得到「詩魔」的外號。

白居易，字樂天，自號香山居士，又號醉吟先生。十六歲時，白居易初入長安拿著詩文謁見當時知名文人顧況，竟被用名字開玩笑說：「長安百物貴，居大不易。」但當顧況讀到〈賦得古原草送別〉的「野火燒不盡，春風吹又生」時，卻又改口讚賞：「能寫出如此好的詩句，要想在長安居住，又有什麼困難呢？」從此以後，白居易的詩名便在長安傳了開來。

佛法大意，知易行難

唐代佛教興盛，詩人喜歡與僧人交往，與佛教禪僧往來最為密切的文人，當屬白居易，因而留下了大量的相關詩作。禪發展至中唐，以南宗禪為主要傳承，白居易一生歷經九朝帝王，於德宗貞元至穆宗長慶時期，正值南宗禪中期發展階段。雖然白居易學佛的啟蒙師是北宗禪的法凝禪師，但後來結交的禪師如惟寬、智常、神湊、佛光如滿，都是屬於南宗禪的禪師。在與白居易交遊的多位禪師中，他與牛頭宗鳥窠道林禪師的互動最為著名。禪師因在松樹上築巢棲修，被時人稱為鳥窠禪師。白居易曾問鳥窠說：「如何是佛法大意？」禪師回道：「諸惡莫作，眾善奉行，自淨其意，是諸佛教。」白居易失望地說：「這是三歲小孩都知道的道理。」禪師說：「三歲孩兒雖道得，八十老翁卻行不得。」白居易豁然開朗，自此便常去親近禪師。

有一次，白居易遇到了不懂的問題，有意想考考禪師，便當著鳥窠的面題詩：「特入空門問苦空，敢將禪事問禪翁。為當夢是浮生事？為復浮生是夢中？」鳥窠立即親筆回贈一詩：「來時無跡去無蹤，去與來時事一同。何須更問浮生事，只此浮生在夢中。」鳥窠告訴他，人生一世，空手而來，也是空手而去，這是相同的事。既然人生如夢，又何必再過問浮生之事？白居易一生幾度遭貶謫，經禪師提點，自知人生如夢，似有所醒悟，便在西湖邊建了一座竹閣樓，時常和鳥窠禪師參禪論理。

禪詩賞析

白居易有大量參禪體悟的傳世禪詩，而〈寄韜光禪師〉一詩，便是其中代表作。白居易於任職杭州刺史時，和韜光禪師相識。韜光原是蜀地名僧，辭師出遊天下前，師父叮囑說：「遇天可留，逢巢即止。」韜光從蜀地雲遊至杭州靈隱山「巢枸塢」時，突然福至心靈想到：「『白樂天』、『巢枸塢』，這不正是師父囑咐的可留之處嗎？」於是在此修建寺院，後人稱為「韜光寺」。

有一次白居易寫詩邀請韜光入城，卻被婉謝，於是策馬進山與韜光汲泉烹茗，吟詩論禪。兩人的交情很好，以師徒相稱。白居易在靈隱寺（韜光寺）做過最浪漫的事，莫過於「月中尋桂」。傳說月亮裡有桂樹，中秋時節，桂子會掉落在靈隱寺中，曾有寺僧拾到過。他在〈留題天竺、靈隱兩寺〉詩中寫道：「在郡六百日，入山十二回。宿因月桂落，醉為海榴開。」可知他在杭州時，曾經多次前往靈隱寺尋找、欣賞秋月中的桂花，看起來江南、杭州、西湖，永遠是他心中一段美好的回憶。所以當白居易從杭州轉調蘇州刺史時，憶起昔日經常一起品茶論禪的韜光禪師，而有〈寄韜光禪師〉詩作。

現今浙江省杭州市的天竺山有著名三寺，稱為「天竺三寺」（上天竺寺、中天竺寺、下天竺寺）。天竺三寺深藏林間山谷，由下而上，寺宇壯麗，景色清幽，高僧輩出，佛學與詩文並茂。「一山門作兩山門，兩寺原從一寺分」，兩寺所指的就是「中天竺寺」和「下天竺寺」。

本詩先從歷史典故寫兩寺的不可分割來破題，只要一入山門，便是進入了天竺寺，不論身在中天竺寺或下天竺寺，所接受佛法的熏陶是一樣的。就「地理」而言，寺的周邊有東西澗水、南北山雲；就「空間」而言，有前後、上下；但就「佛法」而言，即「萬法歸一」。一切萬法，都是自性所現，自性包羅世間萬有。

「東澗水流西澗水，南山雲起北山雲。前台花發後台見，上界鐘聲下界聞。」意思是澗水就位置來說，雖然分東西，終究會合而為一。從南山看到的雲，原先也是從北山飄過來的。前台開的花，和從後台見到的是一樣的花。中天竺寺的鐘聲，在下天竺寺一樣能聽見。由此可知，宇宙間的一切法，無論於時間上或空間上，都是互相包攝的。

前六句詩用詞至簡、對仗工整，詩人巧妙地運用疊字達到餘音繞樑的效果，同時也包含作者對禪的深刻體悟。詩一開始帶領我們遊覽天竺寺的風光美景，東西、南北、前後、上下，拓展無限的空間想像，並表達出作者禪修的境界，指出「真如自性」本來就是「一」，只是觀察角度不同，而生出虛妄分別的「二」。最後一句引出的「遙想吾師行道處，天香桂子落紛紛」，這是白居易懷念韜光禪師講經說法處（靈隱寺），也是當年二人時常在此品茗論道的地方，詩句除表達了對禪師教導的感恩之情，也欽佩禪師的悟道境界，相信在禪師講經說法時，一定能引來天女散花，讓天香桂子紛紛落下……。

大道至簡，詩人用最淺顯的語言，告訴我們大自然也能說法，溪水、山色種種景物，無一不在示法，只要用心體悟，都是開悟的機緣。白居

易與韜光禪師的深厚情誼，成為詩人文思詩興的源頭活水，醞釀出此禪味深遠的詩作。（黃秀珠）

柳宗元〈禪堂〉

（唐・七七三—八一九）

發地結菁茅，團團抱虛白。
山花落幽户，中有忘機客。
涉有本非取，照空不待析。
萬籟俱緣生，窅然喧中寂。
心境本同如，鳥飛無遺跡。

柳宗元出身士族，父親從政剛正不阿，影響他捍衛真理、從不諂曲的性情。母親盧氏則是名門閨秀，學養兼備，並且崇佛。在家庭的熏陶之下，奠定他日後統合儒、釋的思想基礎。柳宗元是中唐傑出的思想家、文學家，也是唐宋古文八大家之一，與韓愈並稱「韓柳」。他是繼王維、孟浩然之後有名的田園詩人，詩作風格清峭多變，所以蘇軾說他的詩：「發纖濃於簡古，寄至味於淡泊。」並常與陶淵明相提並論。

從遊記寫到佛教碑文

柳宗元，字子厚，祖籍河東解縣人（今山西省運城市），因此自稱為「河東解人」，世稱柳河東。十二歲時隨父親柳鎮到洪州（今江西省南昌市），擔任江西觀察使李兼幕府的幕僚。當時南宗禪師馬祖道一在那裡傳法，世稱「洪州宗」，李兼及其眾幕僚如權德輿等都是護法檀越。洪州禪對當時產生巨大影響，後來柳宗元到永州，也是南宗禪興盛的地方，曾與許多禪師交往。原本欲在政壇一展抱負的柳宗元，卻在「永貞革新」失敗後被貶至永州，這是他人生的轉捩點。他因被貶，無官署可住，只能寄居在瀟水東岸的龍興寺（今永州市芝山城南）。此時柳宗元的職銜是「永州司馬員外置同正員」，不得過問政事，所以他除了讀書、寫作、學禪之外便經常出遊。元和四年（八〇九）九月二十八日，在東山法華寺西亭發現了西山之異，體驗了西山之美，寫下了著名的〈永州八記〉首篇：〈始得西山宴遊記〉。

柳宗元學佛於龍興寺僧重巽，兩人經常談禪論道、詩文唱和。重巽為法證弟子，而法證為天台宗湛然的弟子，因此柳宗元寫了十一篇的佛教碑文，其中以天台宗最多，其次是禪宗。柳宗元在送〈巽上人赴中丞叔父召序〉中說：「吾自幼好佛，求其道積三十年，世之言者罕能通其說，於零陵（即永州），吾獨有得焉。」可知他自小就喜愛佛理，累積了三十年的鑽研。可惜一直沒有碰到過使他心服的精通佛法者，直到貶官永州，遇到巽上人後才有了重大的突破和收穫。在他短暫的四十七年生命中，佛法成為他仕途潦倒的精神安慰，安頓了他受創的心靈。

柳宗元在〈永州龍興寺修淨土院記〉中記載：龍興寺裡，有前刺史李承晊和僧人法林設置的淨土堂，巽上人住在這裡，開始進行整理修復。刺史馮敘捐資修大門，柳宗元則助修迴廊，使之煥然一新。故於元和元年（八〇六）作組詩〈巽公院五詠〉，巽公指的是龍興寺僧重巽，內容主要寫龍興寺裡有關事物和景色，即〈淨土堂〉、〈曲講堂〉、〈禪堂〉、〈芙蓉亭〉、〈苦竹橋〉五首。這首〈禪堂〉是組詩中的第三首。

「發地結菁茅，團團抱虛白。」「菁茅」即青茅亦名香茅，生長於湖南及江淮間，葉有三脊，其氣氛香。「虛白」在這裡暗指禪堂，作者首先點出禪堂的位置，選擇吉地由香茅蓋成的禪堂被青山團團圍住。「虛白」語出莊子〈人間世〉：「虛室生白，吉祥止止。」意思是說，空的房間才顯得敞亮，如果房間堆滿了東西，有光亮也透不出來。意即人的心如果像空房子一樣，把蒙蔽心靈的塵埃也一併掃除，那麼心中就會充滿陽光，結果當然是一派吉祥。所謂虛寂生智慧，空曠生明朗，詩人在此暗指在此禪堂修行的僧人，心境清淨無欲。

「山花落幽戶，中有忘機客。」山花飄落在幽靜的門前，禪堂中坐著忘機的禪客。「忘機」消除機巧之心，指淡泊清淨，與世無爭。「忘機客」指重巽。在禪堂的前面有山花紛紛飄落，而禪堂內坐著一位與世無爭的禪客，他忘卻了世俗的名利機巧，任憑花開花落，一心一意專注於修習禪定。

「涉有本非取，照空不待析。」在禪客眼中，一切事物皆是因緣和合所生的「妙有」，不同於凡夫以雜染心取相，禪者觀照於空，不待思慮分析。花的飄落象徵體悟萬法皆空，「空」、「有」固然不可執著，卻仍要從「有」中體認「空」義。因為真空才能妙有，妙有必不離真空，就是所謂的「真空妙有」、「空有不二」。明白了這個道理，就能夠以退為進、以無為有、以空為樂、以眾為我，灑脫自在過生活，即使遭遇逆境也不會灰心喪志，能積極面對人生的苦難。

「萬籟俱緣生，窅然喧中寂。」明瞭天地間各種自然的聲響，乃是因緣所生，喧鬧當中自有深深的寂靜。祛除因緣，那麼發出聲響的萬籟，也就不存在了。如果心量能夠寬廣，外境的種種是非好壞，都不能影響我們，也就不會隨境流轉，而生出種種煩惱心，那麼就能讓心境永遠保持著空寂，達到心淨則佛土淨了。

最後兩句：「心境本同如，鳥飛無遺跡。」心與外境本同一而沒有區別，就像鳥飛去了一樣，不留下任何痕跡。詩人經常到禪院裡修習禪定，以忘卻煩惱，在《禪堂》一詩中，表露了詩人借禪以「忘機」，希望能透過禪觀來沖淡心中的憂憤之情。

柳宗元為政清廉，政績斐然，卻因為「永貞革新」失敗而一再被貶，雖然仕途不得志，卻也因此有了更多時間鑽研佛理，從禪修中獲得了生命的智慧。此詩表面寫巽上人，但其實也表現了詩人對於「空」和「有」的體悟。當我們能夠活用真空與妙有的觀念，就能境隨心轉，不隨俗浮沉，就能過著自在瀟灑的「忘機」人生。（黃秀珠）

李商隱〈北青蘿〉

（唐・八一二—八五八）

殘陽西入崦，茅屋訪孤僧。
落葉人何在，寒雲路幾層。
獨敲初夜磬，閒倚一枝藤。
世界微塵裡，吾寧愛與憎。

李商隱是唐代詩壇壓軸的燦爛煙火，他的詩構思奇特，纏綿緋惻、優美動人，文采穠豔，隱晦迷離，風格新奇，開啟朦朧詩先河，深受後人的喜愛。他和杜牧並稱「小李杜」、與溫庭筠並稱「溫李」，宋初有名的「西崑體」便是以模仿他的詩風為主，詩人元好問曾說：「詩家都愛西崑好，獨恨無人做鄭箋。」「西崑」指的便是李商隱。他的作品內容豐富，題材廣泛，除深刻反映沒落的唐朝社會面貌，揭露朝政腐敗和藩鎮割據帶給人民的苦難，並有許多值得玩味的禪詩。

朦朧詩意轉禪境

李商隱，字義山，號玉谿生，又號樊南生。十歲喪父，跟隨母親扶靈回到滎陽老家，投靠族叔李逸，後在祖墳附近結廬而居，與弟弟羲叟一起接受叔父的教育，並抄寫佛經貼補家用，可知他佛緣深厚。十二歲到洛陽自立門戶，自此為人抄寫經書及春米，過年時到市集寫春聯撐起了家計，也因此而結識了白居易與令狐綯兄弟。白居易非常賞識他，與他結為忘年之交，命商隱以「白老」稱呼自己，臨別前又贈與他白銀五十兩，叮嚀他不要再替人抄寫文字，並要他去拜訪令狐楚。

十六歲時拜謁令狐楚，令狐楚讓他在門下與兩個兒子令狐綯、令狐緒及姪兒令狐緘一起讀書，並親自教授他們駢文。二十六歲透過令狐綯的舉薦，登進士第，同年冬天令狐楚病卒，失去依靠的李商隱，不得已進入王茂元幕中，並娶王茂元的小女兒為妻，當時朝廷中牛李黨爭激烈，王茂元屬於李黨，故李商隱被牛黨令狐家族視為「背恩」，從此捲入了兩黨激烈鬥爭的漩渦，不斷阻撓他的仕途，讓他一生鬱鬱不得志。直到智玄大師開啟了他的學佛之路，後期作品徹底一改過去悲怨無奈的晦暗心境，轉為豁達開朗的禪境。

李商隱住在長安永崇里時，認識了智玄大師，也就是唐代有名的悟達國師，正式皈依不久，卻患了眼病，而痛苦不堪，看遍名醫都治不好，只好求助於智玄大師，大師傳授《天眼偈》三章給他，商隱晝夜禮誦非常虔誠，很快就痊癒。此後，他對佛法更深信不移，經常追隨大師住在寺裡，掃地打鐘。他的〈別智玄法師〉詩云：「雲鬢無端怨別離，十年移易住山期。東西南北皆垂淚，卻是楊朱真本師。」前二句說自己年輕時即離家入道，十年之間不斷地遷移他去，因此經常變更想要歸居山寺，傍佛而居的日期。後二句表達了自己多年來顛沛流離，走遍了東西南北，所遭遇的都是讓人傷心落淚的事。乞求玄師傳法本是最大的心願，但現在卻又要話別了。仔細想想，自己就像是每逢歧路就會哭泣的楊朱，大師才是我真正的本師。

大中十二年（八五八），詩人在滎陽家中養病，曾寄信給著名高僧僧徹大師說：「某志願削染，為玄弟子。」可知他臨終前亦萌生出家的心願，故商隱去世後二十二年，陝西鳳翔府的佛門信眾，在為智玄法師建廟塑像時，特地也為詩人造了一尊手持佛塵的塑像，侍立在智玄法師身邊，以紀念他們師徒二人，成全了他出家的心願。

禪詩賞析

北青蘿在濟源市王屋山中，李商隱第四次科舉落第之後，便在王屋山的分支，玉陽山中學道。在這裡認識了公主的侍女，道姑宋華陽，與她相戀，無題詩：「相見時難別亦難，東風無力百花殘。春蠶到死絲方盡，蠟炬成灰淚始乾。」便是思念華陽而作。之後華陽隨公主回宮，兩人便再也沒有機會見面，戀情也無疾而終了。由此或可推測，在經歷刻骨銘心的戀情後，詩人對無常世事也有更深體悟，並希冀能從佛法中解脫憎愛。

〈北青蘿〉一詩是詩人借拜訪高僧之行，象徵自己對佛理的追尋與證悟。首二句「殘陽西入崦，茅屋訪孤僧」，描寫詩人一步步走上北青蘿，去拜訪住在簡陋茅屋中的孤僧，這時夕陽已西下。「落葉人何在，寒雲路幾層」，只見到處落葉飄零，蜿蜒的山路瀰漫著寒冷的雲霧，但是要尋訪的孤僧，人在哪裡呢？詩人獨自一人，不辭路途遙遠、不畏艱辛尋訪獨居的僧人，說明了詩人想要訪僧求道的堅定之心，同時也點明僧人高居塵上，是一位得道高僧。

「獨敲初夜磬，閒倚一支藤。」「初夜」與「殘陽」，表明詩人訪僧的時間從夕陽西下，到夜幕降臨，僧人在茅屋中獨自敲磬誦經。

「獨」字與「孤」相呼應，因為是「孤僧」，所以獨自敲磬。僧人雖然獨自一人在深山中修行，卻未懈怠佛事，足見其信仰的虔誠。詩人站在茅屋外，聽著清脆的磬聲，仰望夜幕星空，周遭一片寂靜安詳，心裡也豁然開朗。等到僧人晚課結束，才進入茅屋與他談禪論道，在這次的深談中，詩人的身心都獲得很大的解脫，所以他以「閒倚一支藤」五字概括，並引出此次訪僧的悟道之語。

「世界微塵裡，吾寧愛與憎。」佛經說三千大千世界全在微塵之中，俯仰在三千大千世界中的我，更是微塵中的微塵，那我為什麼要執著在愛與憎恨中呢？詩人領悟到山河大地都是微塵，血肉身軀也終歸泡影，那麼人世間的七情六欲、仕途的功名利祿，更如微塵般渺小空幻，又何必再執著呢？

身在塵勞中的我們不免為世情所困，生、老、病、死、怨憎會、愛別離、求不得、五蘊熾盛等人生八苦，無一不是困住我們的枷鎖，身心難以自在。若能時時刻刻放寬胸襟，即便是三千大千世界也有如微塵般渺小，那麼身處於大千世界中的我們更是微不足道了，人生不過百歲，轉眼消逝，何苦再為愛、憎所束縛呢？

李商隱大半生都在幕府中生活，到處飄泊，飽受傾軋。他來到北青蘿，清幽的環境與山僧的敲磬聲，如此與世無爭的清淨地，終讓他擺脫悲苦抑鬱的心境，找到心靈的歸處。

喜愛李商隱作品的讀者非常多，許多作品都宛如費解的謎題。面對盤根錯節的人生，確實需要以禪解纏。清新易解的〈北青蘿〉，如月光撫慰了世間的種種不平，讓人可以在世界微塵中品讀詩句，自在地「閒倚一支藤」。（黃秀珠）

龐蘊〈無念清涼寺〉

（唐・？—八〇八）

無念清涼寺，蘊空真五台。
對境心無垢，當情心死灰。
妙理於中現，優曇空裡開。
無求真法眼，離相見如來。
若能如是學，不動出三災。

中唐以後，禪宗的影響已深入社會各個階層，其中有一位居士不僅擺脫封建官僚社會的束縛，也不認同僧人的出家生活，反而選擇以在家人的身分，弘揚、實踐禪法，被視為「中國的維摩詰」。他就是龐蘊，世稱「龐居士」。

「世間最上事，唯有修道強。若悟無生理，三界自消亡。空蘊妙德現，無念是清涼。此即彌陀土，何處覓西方。」從龐蘊的禪偈可知，他以禪為志業，對禪的體悟足以代替禪師說法，因為不具僧人的身分，所以更能深入社會民眾，完成禪師所不能及的宣傳普及工作。

生死自在，一門灑脱

龐蘊為襄州人（今湖北省襄陽市），世代以儒為學，父親曾任衡陽太守，但他少年早慧，領悟世間塵勞苦，志求佛道。唐貞元初年，龐居士參謁石頭希遷禪師，頗有領悟。後又參謁馬祖道一禪師，頓悟玄機，在馬祖門下參學兩年。後至襄陽遊歷時，因為喜愛當地風土人情，用船將所有家產沉入湘江，並帶著妻子龐婆、兒子龐大、女兒靈照躬耕於鹿門山下。他沉資財、棄富貴的舉動，獲得了人們的驚嘆與敬仰。從此，全家人便過著逍遙的田園生活，如龐蘊的詩作：「有男不婚，有女不嫁，大家團圞頭，共說無生話。」家人團聚的日常，都是充滿機鋒的禪語。

龐蘊機鋒敏捷、辯才無礙，每天都有參禪論道的人與他砥礪禪機。他與藥山惟儼、丹霞天然、百靈和尚、大梅法常、仰山等禪林高僧，也都有隨機應答的精彩公案紀錄。

傳世的《龐居士語錄》三百多篇禪偈，不只為後世所稱頌，全家人坐脫立化的超越生死境界，更是一則禪門傳奇。龐蘊在臨終前令靈照準備熱水，沐浴更衣，端身趺坐於禪座上，他要靈照去觀看日中是否已到，若已到正午，就告訴他。靈照回報：「太陽已到中天了，但是有日蝕。」龐蘊驚訝回道：「怎麼可能有這種事？」就走出去看，一看就知上當，連忙進屋，卻發現靈照已經坐到自己的禪座上，合掌坐化了。龐蘊笑著說：「我女兒的動作真快啊！」於是決定再多留世七天。

日後編集《龐居士語錄》的刺史于頔，聽說龐蘊將要坐化，便去探病，兩人談笑許久，龐蘊對于公說：「但願空諸所有，慎勿實諸所無。」說完，便枕在于公的膝上入滅了。于公將他焚化，並派人告訴龐婆。龐婆得知後說：「這兩個愚癡的人，不告而別。」便去告訴耕田中的兒子說：「老漢與靈照去了。」龐大按著鋤頭，只笑道一聲：「嗄！」就也倚著鋤頭往生了。龐婆說：「你更愚癡！」將兒子焚化後，向所有鄉親告別，從此不知所終。龐蘊一家四口，談笑之間出生入死，有的坐、有的臥、有的站，展現禪者了脫生死、自由自在的瀟灑風采，令世人讚歎崇敬不已。

禪詩賞析

詩題中的清涼寺，位於現今山西五台山清涼谷中，相傳五台山原名五峰山，終年驕陽似火，酷熱難當，就像一座燃燒的火爐。幸得文殊菩薩來此演教，施法除災，將此地化為清涼宜人的山谷。於是人們稱此谷為清涼谷，並在此建寺，名曰清涼寺。山西五台山便與四川峨嵋山、安徽九華山、浙江普陀山，並稱為中國佛教四大名山，吸引無數佛教徒前往朝山禮拜。

本詩前兩句由清涼寺和五台山說起：「無念清涼寺，蘊空真五台。」人們應該如何達到清涼的境界呢？詩中告訴我們：無念就能清涼，能夠做到無念，就如同到了清涼寺。何謂無念呢？所謂不思善、不思惡，即是到達無念的狀態，不起妄想雜念，不因為一切外境而起心動念，就能生出清淨心。若能達到這般心境，又有何處不清涼？修行的人大多喜歡到五台山朝拜文殊菩薩，但是，如果能照見「五蘊皆空」，了解人的「五蘊：色、受、想、行、識」都是因緣和合而成，會隨緣起緣滅而無常，既了知世事無常而看空一切，就能隨緣自在不執著，這才是真正得到五台山文殊菩薩的大智慧。

「對境心無垢，當情心死灰。」當我們面對任何境界時，都能心不染著，就能常保本心的純淨無垢。面對七情六欲時，能不為外物所動，如不再燃燒的灰燼一般，就不會再為七情六欲所困擾了。

「妙理於中現，優曇空裡開。」唯有心靜，妙理始從內心而生，一切法門都在眼前。猶如優曇花在空中，朵朵盛開。

「無求真法眼，離相見如來。」佛有五眼，即肉眼、天眼、慧眼、法眼、佛眼。法眼能見真理實相，修行若能離欲無求，自然能得「真法眼」，有了法眼，不會再被現實的種種境界所障礙，能離種種相。不為相所惑，就是無相，就能進入佛的世界。

「若能如是學，不動出三災。」三災是劫末所起的三種災害，有水災、火災、風災的三大災，和饑饉、疾病、刀兵的三小災。若是能這樣修行，身心都不妄動便可消除大、小三災。面對極端氣候造成的水災、火災、風災和饑饉，以及傳播快速的疫疾和戰亂產生全球連鎖效應，讓很多人都覺得彷彿末日到臨。然而，如果能讓自己「對境心無垢」，即使無法像龐居士一家生死自在，當下也能體驗像「無念清涼寺」一樣，「不動出三災」。（黃秀珠）

司馬光〈為景仁解禪〉

（北宋．一〇一九—一〇八六）

賤子悟已久，景仁迷至今。
良因拯溺急，是致涉波深。
到岸何須筏，揮鉏不見金。
浮雲任來去，明月在天心。

入宋以來，貴族沒落，新興的主流階層由知識分子取代，佛教在禪宗的發展上，則五家七宗派別繁衍，在思想上禪、淨、教合一，並吸收儒學的養分，以適應新的時代環境。此時禪文學大盛，燈錄、語錄、頌古、評唱等大量刊行，使得文字禪蔚為時代風潮。

禪宗發展在宋代主要是以臨濟、雲門和曹洞三系為代表，其中最盛者莫過於臨濟了。臨濟宗六傳至汾陽善昭，善昭倡導參究「公案」，主張從古人語錄上掌握禪理。禪師以文字語言示禪，學人通過文字語言來解悟，禪宗僧人修行的要點，就在於對語言的運用和理解，因而使士大夫容易親近禪。於是禪宗也由「不立文字」，轉而走上「不離文字」的「文字禪」道路了。宋代是禪宗文獻與禪文學的黃金時期，士大夫不僅透過文字來親近禪，更喜愛創作詩歌，來傳達對禪的體悟與心境，讓禪藉由文藝創作為載體，從文化進入大眾生活。文字樸實的史學家司馬光，便透過詩作表達自在的禪意心境。

清廉簡樸的司馬入地

司馬光，字君實，號迂叟，宋陝州夏縣涑水鄉人（今山西省運城市夏縣），世稱「涑水先生」，是北宋著名的政治家、史學家，主持編纂了中國第一部編年體通史《資治通鑑》。他因反對王安石變法，退居洛陽十五年。後哲宗繼位，高太皇太后執政，任用保守派的司馬光為宰相，盡罷新法。司馬光一生忠孝、恭謙正直。蘇軾曾作〈司馬溫公行狀〉一文，說他：「公忠信孝友，恭儉正直，出於天性，自少及老，語未嘗妄。」

司馬光天性簡樸已是眾所周知，他在洛陽編修《資治通鑑》時，住在城郊西北的一個小巷中，居所極為簡陋，僅能擋風遮雨。夏天為避暑熱，他請工匠挖地丈餘，用磚砌成地下室，讀書寫作其間。當時大臣王拱辰亦居洛陽，所建宅第凌天高聳，最上一層稱「朝天閣」，洛陽人便戲稱：「王家鑽天，司馬入地。」邵雍則打趣說：「一人巢居，一人穴處。」

司馬光的父親司馬池曾為兵部郎中、天章閣待制，在藏書閣擔任皇帝的顧問，官居四品，一直以清廉仁厚享有盛譽。司馬光深受父親的影響，爲人溫良謙恭、剛正不阿，不收受任何人送給他的禮物，就連皇上的賞賜也不接受。七歲時不僅能背誦《左氏春秋》，還能明白書中要旨，他「砸缸救友」的故事更是千古流傳。在十五歲前，他一直跟隨父親司馬池周遊各地，訪古探奇、賦詩題壁，領略風土人情，增長見識，拓寬了視野。之後，他不僅官至宰相，在文學史上亦占有重要地位。司馬光的詩筆調清新，意境深遠，語言質樸，通俗易懂，少用典故，詩風與白居易相近。他一生節儉純樸，「平生衣取避寒，食取充腹」，〈訓檢示康〉正是他專門為教誨其繼子司馬康所作。因為司馬光的政治地位與史學上的耀眼成就，詩作較少受重視，但他仍留下了約一千二百多首詩，包括〈解禪偈〉六首。

司馬光退居洛陽時，喜歡研讀佛典，他以禪宗的「空觀」為思想的依託，以無利欲之心為行為之本，頂禮拜佛、結交詩僧，詩文相酬。於是學禪遂成為社會風氣，名相巨卿，大半出於佛門，禪宗亦由此而興旺發達。

禪詩賞析

這首詩是司馬光將自己禪修的體悟告訴景仁。景仁是北宋著名的史學家范鎮，仁宗時，以直言敢諫聞名，與歐陽修、宋祁一起修《新唐書》，因與王安石不合，辭官致仕。二人的詩集中有多首唱和詩，足見他與司馬光的交情深厚。

司馬光的另一位好朋友富弼（富鄭公）在修顒禪師門下開悟，一時大家都喜歡談禪說理，只有司馬光和范鎮不以為然。之後司馬光接受了禪宗的思想，范鎮出言相譏：「我不是要否定禪，但以我儒家所學，沒有需要再去學佛。」但後來范鎮自己卻與人討論起空相，司馬光以詩揶揄他：「不須天女散，已解動禪心。」意思是天女都還沒在你身上撒花，你倒動起禪心來了。范鎮不理他，於是司馬光寫下本詩，與范鎮分享自己學禪的心境。我已經覺悟了，而景仁你到現在仍在執迷，實在是因為你想拯救溺水的老百姓的心太急了，所以涉入紅塵太深。既然已經抵達彼岸，也就不需要舟筏了。就像管寧揮鋤一樣，不慕人生中的榮華富貴。如此一來，任憑世事如浮雲般變幻來去，我的心始終如空中一輪不動明月。

「到岸何須筏」是悟者的境界，悟前固然需要文字語言指引，但悟後再說什麼都是多餘。就如同莊子所說：「得魚忘筌」、「得意忘言」。而「揮鉏不見金」除了比喻不慕榮華富貴，更深一層來說，它也是禪修的用心方法。修行如同揮鋤整土除草，在過程當中，只要與修行無關，就算挖到黃金也視若無睹，而繼續專注揮鋤整自己的心地。

苦讀出仕，就是希望為蒼生一展長才，無奈宋代的政治鬥爭，讓許多人懷才不遇。人生中的不如意事何其多？如何能放下所有的煩惱，讓身心都能自在呢？「浮雲任來去，明月在天心。」司馬光在本詩中，正想向好友傳達，自己正因學會放下，所以心如明月如如不動，更能保有拯救百姓的初心。禪的修行目標雖在了脫生死、不懼生死，到達解脫的彼岸；禪的修行妙用，更讓我們能以一顆平常心，積極面對世事，無所畏懼，最終雲淡風輕。所有不如意事，都像浮雲一般任它來去，自然就能像天心明月一樣皎潔無染，不受任何煩惱境界影響。只要心能清淨無染，就能得到生命的大智慧了。（黃秀珠）

蘇軾〈贈東林總長老〉

（北宋・一〇三七—一一〇一）

溪聲盡是廣長舌，
山色無非清淨身。
夜來八萬四千偈，
他日如何舉似人。

蘇軾在詩、文、詞三方面都有極高造詣，堪稱宋代文學第一人，不但能展現氣吞山河的豪放氣勢，深情時又令人低迴落淚；也隨他快意笑看世事，一簑煙雨任平生。除了文學成就以外，蘇軾也是書法家、藝術家、音樂家，以及卓越的工程師，更是人人皆知的美食家。他與父親蘇洵、弟弟蘇轍並稱「三蘇」，三人皆位列唐宋古文八大家。

以禪喻詩開風氣者

蘇軾，字子瞻，又字和仲，自號東坡居士，人稱蘇仙。他二十一歲便已通過殿試成為進士，被視為政壇的明日之星。當時主考官歐陽修便說：「吾當避此人出一頭地。」又對自己的兒子說：「三十年後不會再有人提起我的名字，但大家都會知道蘇軾。」歐陽修對他的欣賞程度，顯而易見。

蘇軾的故鄉眉州眉山（今四川省眉山市），佛教非常興盛，樂山大佛、峨嵋山是著名的佛教聖地，父親蘇洵遊廬山時，曾和居訥、景福二僧交遊，被列為居訥的法嗣，母親和繼室王弗、妾朝雲也都是虔誠的佛教徒，足見蘇軾的佛緣深厚，蘇軾曾多次在詩文中提到自己是五戒禪師的轉世，當他五十八歲被貶至惠州時，途中因仰慕六祖惠能禪師，專程到韶州朝拜，一時感悟自己身世，淚如雨下，作〈南華寺〉詩：「我本修行人，三世積精煉。中間一念失，受此百年譴。摳衣禮真相，感動淚雨霰。借師錫瑞泉，洗我綺語硯。」

蘇軾出仕之後，人生大部分時光都在貶謫中度過，從黃州（今湖北省黃岡市）、惠州（今廣東省惠州市）到儋州（今海南省儋州市），地點愈來愈遠，環境愈來愈險惡，但他所到之處，依然關心百姓的生活，到了儋州也不忘教化百姓，足見他心心念念的是國家富強、百姓安居樂業，所以他調侃自己：「問汝平生功業，黃州、惠州、儋州。」在這三個貶謫之地，才是蘇軾最接近百姓的地方，最了解百姓的痛苦所在，而他也運用了自己的智慧解決百姓的困難，或是捐獻財物、或是提供良方，幫助了無數的地方人民。蘇軾一生宦海浮沉，坎坷曲折的人生經歷，對佛法體悟最深的就是般若空觀，也正是憑藉觀一切皆空的生存智慧，才能夠在風波險惡的仕途上超越現實的苦難，獲得精神的自由解脫與曠達。

從以禪喻詩的角度，蘇軾是北宋詩壇第一個開風氣者，宋代以禪喻詩、以禪論詩由他開始，而後有黃庭堅、惠洪、陳師道、韓駒、呂本中、范溫、劉克莊、葉夢得、嚴羽等人，宋人以禪喻詩更承此而下，蔚為風潮。

「烏台詩獄」後，蘇軾死裡逃生，被貶為黃州團練副史安置，因為不能支領薪水，生活困苦，於是帶領家人在黃州城東門外的一塊坡地上開墾，遂自號「東坡居士」。閒暇時常遊覽佛寺、拜訪高僧請教佛理。他初到黃州，便住在定惠院，也常到附近安國寺焚香默坐，物我相忘，身心皆空。又與安國寺方丈繼連和尚交往談禪，將自己的精神世界寄託於佛法禪意、青山綠水之中，成就了東坡式的「自在灑脫、空靈超然」。

此時蘇轍受哥哥蘇軾的連累，貶謫筠州南部高安（今江西省宜春市高安市），蘇氏兄弟有一組唱和的詩，蘇軾為這一組詩親撰序言道：「子由在筠作〈東軒記〉，或戲之為東軒長老。其婿曹煥往筠，余作一絕句送曹以戲子由。曹過廬山，出以示圓通慎長老。慎欣然亦作一絕，送客出門，歸入室，趺坐化去。子由聞之，乃作二絕，一以答予，一以答慎。明年余過圓通，始得其詩。」兄弟之間的唱和本是尋常之事，但兩人之間竟然有一位禪宗僧人加入，而這位慎長老和了一首詩之後，便示寂了，這對於兄弟二人的震撼不小，也為蘇軾前往廬山訪禪種下機緣。

後來蘇軾離開黃州，前往筠州訪弟，當時年約四十七歲。途中夜宿廬山北麓的圓通寺。其後蘇軾從南麓登上廬山，來到「僧中龍」常總禪師的東林寺。據《五燈會元》記載，蘇轍寫了一首詩，被禪門認為是蘇轍悟道的因緣，其中有幾句「中年聞道覺前非，邂逅相逢老順師。搐鼻徑參真面目，掉頭不受別鉗錘」，蘇轍說自己是在順長老的啟發下，參悟了真面目，成為順長老的法嗣。蘇軾得知弟弟已經開悟了，所以在他登廬山途中，心心念念的都是「廬山真面目」，一心想要參透它。

東林寺常總禪師是禪宗臨濟宗黃龍派的禪師，他的老師是開創黃龍派的慧南禪師。常總禪師的同門上藍順，正是蘇轍的禪門老師，另一個同門晦堂祖心是黃庭堅的老師，從這裡可以看出蘇門文人與臨濟宗黃龍派的緊密聯繫。

蘇軾見到常總禪師後，據《五燈會元》與《嘉泰普燈錄》記載：「宿東林日，與照覺常總禪師論無情話，有省，黎明獻偈曰：『溪聲便是廣長舌，山色豈非清淨身。夜來八萬四千偈，他日如何舉似人。』」本詩是蘇軾與常總禪師談論「無情話公案」而有省悟，詩人說：「潺潺溪水聲，便如同佛陀的廣長舌，徹夜不停地宣講佛法；而寂靜的山巒，不正是佛陀的清淨法身嗎？夜裡傳來的溪水聲，彷佛宣講著千千萬萬首禪偈；如此美好的體驗，今後要如何才能與他人分享呢？」

「溪聲」、「山色」自是「無情」，「廣長舌」與「清淨身」彷佛是佛陀講經說法的清淨法身。蘇軾說自己聽到了「無情說法」，一夜間，八萬四千偈向他湧來，體悟到如此美妙的境界，內心充滿法喜，但他不想自己獨享，希望能夠將此體悟與人分享。

蘇軾將佛理禪意與「溪水」、「山色」融為一體，至此，蘇軾已體悟到世俗的「溪聲、山色」，原來全都是佛陀清淨法音和法身的體現，懂得觀照世俗一切色相，便是佛法。禪在生活中，隨處可聞、隨時可修。除了從禪中悟得自在心，蘇軾作品也自然流露出菩薩精神，在他有所體悟後的第一個想法，就是如何能透過詩作來啟發他人，這種「自利利他」的胸懷正是大乘佛法的精神。詩人走進廬山，識得廬山真面目後，再度走入塵世中，由此可見詩人以天下蒼生為念的偉大情操。

蘇軾以超然達觀的態度來對待現實人生，雖身處逆境，仍然熱愛生活，賦予人生正面積極的意義。也正是這種不念舊惡的豁達人生觀，泰然自若的生活態度，清淨的禪心，讓他平安度過人生的風雨，達到「也無風雨也無晴」的灑脫心境。這一位曠世奇才所留下的不只是精彩的文學作品，還有修行風範。他進退自如，寵辱不驚，進可無我奉獻於大眾，退可韜光自養，難怪二〇〇〇年歐洲大報法國《世界報》將蘇軾評為「全世界的千年英雄」，也是中國最傑出的歷史人物之一。（黃秀珠）

黃庭堅〈寄黃龍清老〉

（北宋・一〇四五—一一〇五）

騎驢覓驢但可笑，
非馬喻馬亦成癡。
一天月色為誰好，
二老風流只自知。

黃庭堅是北宋詩人，精通儒、釋、道三家，但為禪門子弟。他主張襲用古人詩句，並賦予新意，不但能自在運用佛典鍛鑄詩作，並能和道教術語相融合，提出點鐵成金、奪胎換骨、句中有眼等詩法，展現創作奇趣，在宋代文學史上可謂獨樹一幟，並開創出江西詩派。宗派原是禪宗名稱，江西詩派則是中國文學史上第一個有正式名稱的詩文派別。

融合禪風的江西詩派

黃庭堅，字魯直，號山谷道人，又稱山谷居士，晚號涪翁，世稱黃山谷。他只比蘇東坡小九歲，但尊稱蘇軾為老師，兩人在詩、詞、文、賦、書法、繪畫等都有極高的造詣，因此與蘇軾並稱蘇黃。他雖然追求儒、釋、道三教合一，但是對參禪與佛法特別有所領悟，明袁氵翏坡以為：「蘇、黃皆好禪，談者謂子瞻是士大夫禪，魯直是祖師禪，蓋優黃而劣蘇。」蘇、黃二人常在詩文中談禪說理，更由於兩人對於佛典禪籍十分熟稔，詩作中常化用禪典，以表達對佛法的領悟。

黃庭堅生長在多古尊宿道場的洪州分寧（今江西省九江市），自幼受「詩到江西別是禪」環境的熏息，與家庭的影響，七歲就寫出悟道詩。黃龍山也在江西修水，慧南禪師於此建立臨濟宗黃龍派，黃庭堅追隨祖心禪師，雖僅為居士，仍列為黃龍慧南、晦堂祖心的法嗣。江西是南宗禪興盛的地方，楊萬里指出「要知詩客參江西，正似禪客參曹溪」，可見黃庭堅所創立的江西詩派，正代表禪宗對宋代士大夫影響甚深，他帶領江西詩人在詩作中化用禪法精神。他非常熟悉佛典，例如《楞伽經》、《金剛經》、《楞嚴經》、《華嚴經》、《圓覺經》等，詩歌中化用禪典、佛理、公案語錄，點化前人詩句，展現禪宗機鋒、參活句、自家作主、切忌隨人後等精神。江西詩人將其參禪領悟，展現於詩作中，而後人透過閱讀江西詩派的詩作，也能有所體悟。

元豐三年（一〇八〇），黃庭堅厭倦官場，辭去北京國子監教授，途中路過舒州，遊覽三祖山的山谷寺，頗有領悟，因而自號山谷道人。四十歲撰〈發願文〉誠心懺悔，表明心志：發願素食，戒除酒色，願為一切眾生受頭苦。而過著戒律甚嚴，潔身自好的生活。蘇軾的弟弟蘇轍，在回覆黃庭堅的信件中曾經讚他：「今魯直目不求色，口不求味，此其中所有過人遠矣。而猶以問人，何也？聞魯直喜與禪僧語，蓋聊以是探其有無耶？」除了表達敬佩，更指出黃庭堅對於佛法深有體會，並堅持修行。他獨創以茶代酒，焚香參禪，追求身心寂靜，並以食禪調伏五欲，提出獨特的養生禪觀。蘇軾與黃庭堅兩人都追求生活禪，不僅在吟詩、書畫、焚香、品茶、賞花與嘗食等日常生活中，融入靜觀禪坐的體悟，更開展出遊戲三昧，打造文字禪的新高度，使得宋代士大夫競相追隨，從而形成一股詩、畫、禪合流的文化風尚。

文如其人，在品格上，黃庭堅同樣高潔脫俗。他出生書香門第，父親黃庶曾任知府，為官守正不阿，不畏艱難，可惜積勞成疾，得年僅四十一歲。黃庭堅上有兄一人，弟、妹共七人，家貧，母親只能帶著他們依附外家，舅舅李公擇深深影響他，他讚美舅舅「內行冰清玉潔，視金珠如糞土，未始凝滯於一物」，日後為官立身行事都秉持「但願官清不愛錢」的風範。

黃庭堅還是二十四孝中最後一位，非常孝順母親，友愛手足。當官期間，仍然早晚省親，每天都會親自為母親洗滌便器。母親逝去，讓他從佛法中參悟：「治病之方當深求禪悅，照破死生之根。則憂畏淫怒無處安腳；病既無根，枝葉安能為害。」並在自畫像詩中，稱「似僧有髮，似俗無塵，作夢中夢，見身外身」。黃庭堅與蘇軾一生中經歷多次貶謫，歷經坎坷，禪宗思想協助他調伏內心，並追求平靜。他晚年被貶謫涪陵，並於涪濱建築精舍，修淨土法門，自云「翰墨場中老伏波，菩提坊裡病維摩」，他的詩文對日本五山僧侶也影響很大。

黃庭堅與許多臨濟宗黃龍派禪師都成為方外之友，影響較大如黃龍慧南、晦堂祖心、死心悟新、靈源惟清、圓通法秀、五祖法演等。詩題中的黃龍清老即為靈源惟清，兩人都是黃龍派祖心禪師的法嗣，山谷曾稱讚惟清禪師「靈源大士人天眼」、「苦憶新老人，是我法梁棟」、「遙思靈源叟，分坐法席共」，從文中可以看出在佛法修行的路上，惟清禪師對山谷的影響以及對他的推崇。

禪詩賞析

〈寄黃龍清老〉共有三首，本詩為其三，創作於崇寧三年（一一〇四）的秋天。當時黃庭堅貶謫宜州，宜州的居住環境非常簡陋，也因為身處憂患顛沛的逆境，讓他對於參禪修持感受更深，透過追求禪悟解脫，找到內心的平靜。黃龍禪師靈源惟清與黃庭堅同為晦堂祖心的弟子，兩人亦師亦友。〈寄黃龍清老〉原有三首，本詩為第三首，詩作風格類似參究公案的頌古詩。《景德傳燈錄》中有這麼一句：「不解即心即佛，真似騎驢覓驢。」在詩的前半部「騎驢覓驢但可笑，非馬喻馬亦成癡」，黃庭堅引用「騎驢覓驢」的典故，除了表達對佛性本自具足的體認，同時也引莊子〈齊物論〉中，天地萬物實為一體的譬喻：「以馬喻馬之非馬，不若以非馬喻馬之非馬。天地一指也，萬物一馬也。」除了表達自己對禪道的體會，更以「騎驢覓驢」、「非馬喻馬」表明禪宗修行乃要求自修自證、自悟佛道，悟道不能向外覓求。

詩的後半部援引公案故事：有一天，西堂、百丈、南泉跟隨馬祖禪師一同賞玩月亮，馬祖禪師叩問三人的體會，而讚許南泉超然物外的體會。山谷詩中以月色比喻馬祖與南泉光風霽月的心境，嘉許兩人對禪頗有體會，正如同自己和惟清禪師，在禪法參悟也是兩心相印。說明悟道如人飲水，在於每個人心中，不能向外求，而需以超然物外之心才能悟道。同時傳達他對惟清禪師的思念，以及兩人之間的情誼。詩句看似平淡，卻饒富禪趣。

黃庭堅講究學詩的方法，提出許多理論和創作實踐原則，都讓學詩者能夠有法可循，因而形成江西詩派，影響南宋與後代創作者，成為宋代的典型代表。黃庭堅一生對待親友，至真至性，以修行來勘破宦海浮沉、聚少離多。修行與禪學的體悟，都讓他在詩歌、書畫、鑑賞等創作，達到難以望其項背的新高度，引領後代風潮。（吳靜宜）

秦觀〈圓通院白衣閣〉

（北宋・一〇四九—一一〇〇）

無邊刹境一毫端，
同住澄清覺海間。
還似此花並此葉，
壞空成住未曾閒。

秦觀是蘇軾門人，與黃庭堅、張耒、晁補之並稱蘇門四學士。秦觀主要以婉約的詞作聞名，清人論秦觀詞作在蘇、黃之上，認為其為宋一代詞人之冠，被尊為婉約派一代詞宗，他寫給妻子的〈鵲橋仙〉「金風玉露一相逢，便勝卻人間無數」、「兩情若是久長時，又豈在朝朝暮暮」

傳唱千古，為後代反覆吟詠，而〈滿庭芳〉「山抹微雲，天黏衰草，畫角聲斷譙門」更為代表作，有清遠淡雅之風，也因此又有別名「山抹微雲君」之稱。然而秦觀對詩、策論、文、賦、書法等也皆擅長，並精通醫藥與法律。王安石稱讚他的詩歌清新似鮑、謝；蘇軾拜讀秦觀所著〈黃樓賦〉，認為他有屈原、宋玉的才華，同時也特別稱讚秦觀的草書有東晉風味。

寂寞人間五百年

秦觀字太虛，後改字少遊，別號淮海居士。相傳他是蘇軾的妹婿，娶蘇軾的妹妹為妻，然而這只是傳言，查考文獻後並沒有蘇小妹這號人物，秦觀的妻子應該是富商之女徐文美。秦觀非常崇仰蘇軾，元豐元年（一〇七八）拜會蘇軾後說「我獨不願萬戶侯，惟願一識蘇徐州」，並拜蘇軾為師，終身相隨。當時他與蘇軾同遊許多地點，建立深厚的情誼，也因為蘇軾的勸說鼓勵，才開始勤奮苦讀參加科舉，無奈考運不佳，三十多歲才考上進士，任定海主簿、蔡州教授。後來因蘇軾的推薦而任太學博士，兼國史院編修官，預修《神宗實錄》。秦觀非常關心民生疾苦，先後進三十篇策論，提出各種改革方案，因為同是蘇門弟子，在新舊黨爭下，秦觀無辜被牽連，接連遭攻訐，而貶謫至偏遠地區，然而即使如此，秦觀仍不改對蘇軾的崇仰之情，非常關心、思念蘇軾，並對老師的遭遇感到心痛嘆息。秦觀最遠被貶至雷州（今廣東省雷州市），擔任了三年的地方官。蘇軾從儋州（今海南省儋州市）被赦北返，還特別前往探望秦觀，兩人相會後，秦觀還寫下「南來飛燕北歸鴻，偶相逢，慘愁容」、「別後悠悠君莫問，無限事，不言中」、「後會不知何處是，煙浪遠，暮雲重」，沒想到這一次探望竟是兩人最後一次會面。

秦觀喜歡和友人共同遊覽名勝，留下不少唱和之作。除了蘇軾，他也和孫覺、蘇轍、黃庭堅、陳師道等文士一同交遊。還和許多高僧情誼深厚，如和黃龍慧南法嗣昭慶顯之禪師有不少往來的作品，也和寶覺禪師等交遊甚密，特別和杭州天台宗辯才元淨與參寥道潛情誼深厚。陳師道曾以「文章從古不同時，詩語驚人筆益奇」（〈贈秦觀兼蘇迨〉）來稱讚，秦觀與友人們有不少酬唱詩作，可見彼此間深厚的情誼。

禪詩賞析

秦觀常遊覽佛寺，創作了多首佛理詩與紀遊詩。元豐二年（一〇七九）三月，蘇軾從徐州調任湖州知州，行經秦觀家鄉高郵，透過秦觀的介紹，蘇軾因此與參寥道潛結識，彼此成為終身好友。秦觀與參寥搭乘蘇軾的官船南下，三人結伴同遊，並共同到無錫惠山、湖州諸寺院以及金山遊歷。五月與蘇軾分開，秦觀和參寥繼續南下，再到會稽省親，途經圓通院，留下〈圓通院白衣閣〉三首富有禪意，歌詠荷花之景並宣揚佛理的詩作，本文介紹的是第二首。第一首「白衣閣外繞朱欄，人在琉璃菡萏間。誰把此花為刻漏？修行不放一時閒」，白衣閣主要供奉白衣觀音，秦觀以白衣閣荷花池之景，借荷花之無常抒發唯有看破無常的佛法義理，才能專注修道，證大圓通，此修行之法是間刻不容緩。

秦觀熟讀《楞嚴經》，本首詩一開始，秦觀即引佛典，「無邊剎境」的「剎」指一佛濟度之境，一剎乃三千大千世界，因此「無邊」。無邊的剎境不過一毫端，一切都是佛法修行，眼前的荷花與荷葉，無時無刻都處在千變萬化之中。覺海，則是指覺悟佛法教義的深廣。成劫、住劫、壞劫、空劫，是佛教認為世界從形成到毀滅的四個階段。佛教認為世界有生滅變化，一個世界從生成、到穩定、最終毀壞後，又隨因緣生成為另外一個世界。三千大千世界，都逃不過成、住、壞、空四大過程，因此不可能遇見完全一樣的事物，也不可能走完全相同的路，一切事物都是緣聚而生，緣散而滅。人的生、老、病、死，心念的生、住、異、滅，世界的成、住、壞、空，都是由剎那不住、念念生滅的漸變所累積推進，所以我們的身心與外在世界，都是無常。領悟了生命的無常，就能夠明白過去已經消逝，現在即生即滅無法停留，至於未來則尚未生成，只是幻影。進而學會轉念，把握當下，放下煩惱，不因外境而影響內心。而且，並非要遁入空門才能修得圓通之境，「青青翠竹，盡是法身，鬱鬱黃花，無非般若」，自然界中的一草一木，萬事萬物，都可以成為參透佛理的自在本相。

秦觀一生坎坷，十五歲喪父，經歷多次科舉失敗，好不容易中舉任官，正要一展政治抱負，又因黨派之爭，無故遭攻訐。等到朝廷大赦天下，五十二歲的秦觀正要北返至橫州，任命宣德郎，卻壯年早逝。秦觀生活在北宋中後期，士大夫「無座不談禪」的時代，加上與許多佛教人士密切往來，使得秦觀生命在遭逢困頓時都有師友的安慰和佛法的開示。秦觀的許多作品也都闡述自己對佛法義理的體會，從佛法的修持中，獲得心境的解脫，正如這首詩秦觀的參悟，世間萬物原本就變化無常，因而無須擔心成、住、壞、空的過程。（吳靜宜）

王洋〈寄題鄧成之粟庵〉

（南宋．一〇八九—一一五四）

一粟本非慳，縱橫透入關。
要知千種解，不離一塵間。
透徹通真境，拘留即妄攀。
須彌聊比喻，未是最高山。

王洋生於北宋末年，當代的詩人時值國家遭逢外患，所以都與陸游一樣，留下不少愛國作品如「自是天公亦厭艱，十年戰士好休閒。胡兒弓射燕陲月，漢將心馳海上山。慶事頻聞輸帝府，好音傳落到人間」，〈和吳朝議〉詩中，王洋表明老天爺也厭倦了戰爭，因為將士們奮勇殺敵而難得休息，如今捷報頻傳，讓人期盼能夠早日收復山河。並在〈上趙元鎮書〉表明願意效法五代梁王彥章以死勸諫君王，期盼君王能夠領軍，而他也願與君王一同並肩作戰，上場殺敵。由此都可以看出他和岳飛、陸游等人一樣，都有非常強烈的愛國意識。

禪心不肯隨波浪

王洋，字元渤，為南渡詩人。因為信奉佛教與道教，也自稱王半僧、半僧寮、淮田野人，有人稱其「王居士」。晚年於信州寓居之處頗能感受荷花水池之趣，自號王南池。原籍山東東牟，後因曾任尚書郎的父親王資深得罪蔡京，舉家遷往山陰。其子將其詩文收為《東牟集》，應有紀念祖籍之意。

王洋和父親兩人個性同樣耿直，才華洋溢，也讓徽宗留下深刻的印象。王洋進士及第，徽宗閱卷時，發現他的父親是王資深，忍不住說

「資深有子可嘉」，並恢復王資深的官職。王洋為官不僅明察秋毫，辨案仔細，更相當關懷貧病的百姓，曾經設置非常多良善的福利政策，都可視為創舉，他所設置的「舉子倉」，不僅幫助貧苦的產婦，更為後代朝政所效法。

王洋個性耿直，不畏權勢，敢因正道與秦檜理論，而遭到免官。他認為天子必須要剛強勇敢，希望勸說君王御駕親征，能夠站出來帶領大家收復山河，保家衛國。為了希望國家好，也曾上書，勸皇帝要有奮勇殺敵之決心，如此臣子們和百姓將因此更為激勵，上下同心，這樣國家才能化弱為強，轉危為安。王洋像岳飛一樣，曾上書給高宗，希望君上能親賢臣，遠小人。然而高宗卻以「不急之務」，硬是貶了他一級官。王洋詩中表志「浮名於我亦何有，不愛熱官能炙手」，並不因為被貶官或怕得罪權貴而畏縮。難怪周必成稱讚他是「忠信之徒，仕可屈，身不可屈；食可緩，道不可緩」，仕途和溫飽都可以受委屈或遲緩，但人格與道義不能受辱，並認為其詩歌風格「浩浩乎胸中，滔滔乎筆端」，「以剛大之氣行之」，十分肯定王洋高超的品格。

王洋的詩歌風格反映其個性，大致可以感受到三種特質：淡雅含蓄、直抒胸臆和以禪喻詩，雖然未能名聞天下，但也相當獨具風格。《四庫全書》的編者這麼評價：「雖未能上追古人，而蟬蛻於流俗之中。」此外，真性情的王洋與身旁的人都相處得不錯，和許多同榜的進士或同僚都有書信往來，大多彼此志氣相投，都屬於直諫敢言，孤清耿直之士，而且都是君子之交，不僅患難時互相扶持，平日也以詩歌互酬。同時，王洋為了優秀的人才，毫無畏懼，願以身家性命做為擔保，提出辯論，即使被罷免，也毫不後悔。王洋與陸游的老師曾幾，兩人十分要好，曾幾自號茶山居士，王洋的詩中便多次提到「茶山參遍古今詩」、「茶山居士貪禪寂」。而曾幾也曾寫詩給王洋，在〈挽王元渤〉中說：「早得文章譽，仍高政事科。珠璣隨咳唾，襦褲起謳歌。老去貧逾甚，歸來病更多。善人今已矣，施報果如何。」情深意切，哀憐王洋的不幸，更十分肯定王洋的才華。

王洋受到家風的影響，自述：「予少聞禪之學，以誠自解，乃可發口。」可知年少時就接觸並孺慕禪佛。他喜歡和友人一同題僧寺壁、暢談清虛、參禪悟道。他與許多僧人也往來密切，如淳化禪師、寶覺禪師、始寧禪師等，也常和高僧們深談禪法，「老僧踏遍諸方路，花竹相看世外情」，期盼追求離塵超脫。詩作中也多次表達「禪心不肯隨波浪」，並希冀自己能夠絕諸妄想、心如明鏡。他說自己將近一生的歲月，有三十多年的時光都受病魔折磨，也因此多次在詩歌中傳達「生緣有累難除藥，性本無為不用醫」，並嚮往「清淨而寂靜」、「湛然」與「萬象皆現」的禪境。

禪詩賞析

〈寄題鄧成之粟庵〉這首詩，便是王洋寫給舊識鄧成之，告知如何達到禪修超脫境界之作。「一粟本非慳，縱橫透入關」，最重要的是不能輕忽一粒小粟米。粟米用以比喻世間最細微渺小的事物，而宇宙間至上的真理，正蘊藏在看似微不足道的事物中，也因為小，才能縱橫上下、自由自在出入門關，因此不能小看。「要知千種解，不離一塵間。透徹通真境，拘留即妄攀」，而世間萬事萬物的千萬種解，都離不開這一粒塵埃，唯有深入觀察微塵，透徹地照見因緣法則，才能夠窺見大千宇宙的奧祕，達到最真的境地。

末句「須彌聊比喻，未是最高山」，又以須彌山為比喻，佛教認為須彌山是最高的山，也是世界的中心，四周有七山八海、四大部洲，三界諸山都依著須彌山層層聳立，日月繞山而周行。但詩人指出，因緣法的真理才是至高，即便是須彌山或其他任何譬喻都無法超出，這也正是所謂「佛法無邊」的真義。如果要達到理想修行的彼岸，必須於細微處做起，並且虛納萬物，當中若有任何拘執，都是妄自亂攀，無法到達超脫。全詩以極微的「一粟」與至高的「須彌山」為對比，傳達出「一沙一世界，一花一宇宙」的意趣。

王洋非常喜歡觀棋，也愛與朋友相約下棋，他對於佛法的體悟，也映照在棋局之中，「黃粱未熟任推移，堪笑年年一局棋」，「我知黃卷能遮眼，豈識紅襦解對棋。且要此心無黑白，憐渠勝負自相期」。詩中驚訝紅衣女子不僅好讀佛經更會下棋，而世事如棋，與如此的高人對弈，要能不計較輸贏，才是真正的修為，展現王洋修禪的自在心境。若說棋局是微觀的世界，他可說是已「縱橫透關」了。（吳靜宜）

陸游〈仰首座求鈍庵詩〉

（南宋．一一二五—一二一〇）

鈍庵來問鈍何如，真個能參鈍也無。
掘井及泉哪用巧，磨磚作鏡未爲愚。
先師鉢袋當傳後，上座蒲團莫負渠。
我亦年來念休歇，約君同作鈍工夫。

陸游為南宋時期眾所周知的愛國詩人，創作了一萬多首詩作，幾乎是枕上、馬上、廁上，無時無刻都將生活所感以詩歌記錄下來，是中國歷史上詩歌創作保存最多的詩人，和尤袤、楊萬里、范成大並稱為「南宋四大詩人」。

身如行腳僧的豪放詩翁

陸游，字務觀，號放翁，在南宋詩壇有著非常重要的地位，特別是詩歌中的胸懷壯志與愛國精神，都能成為反抗者的最佳鼓舞力量。在他出生隔年，金兵便攻陷汴京，家人於是帶著陸游躲避戰亂，因此他從小就立志救國。陸游十二歲就能文能武，自幼嚮往軍旅生活，期待能夠從軍報國，主張北伐，更寫了許多愛國詩，以表達「一寸丹心唯報國」的心志。他即使在臨終前，仍特別以絕筆示兒叮囑：「王師北定中原日，家祭無忘告乃翁。」可見他心心念念復國大業，終身未曾放棄。

由於受到秦檜的打壓，陸游仕途屢受阻擋。陸游忠君愛國，堅持抗金，反而不為當權者所容，一直不被重用。也因為不拘束於官場往來的禮教，而被認為「不拘禮法」，於是自號「放翁」，並罷官歸園田居，過著鄉居生活。雖然後來有多次返回政壇，但因其不改「言論自由」的個性，屢遭彈劾。

南宋習禪風氣盛行，加上陸游出生於佛教家族，不僅父親、祖父、外祖父等都與佛門往來密切，他的侄子陸綽更是辭官歸隱、出家為僧。據文獻考，陸游的五世祖太保公，曾捐贈土地用來興建法雲寺，後來陸游也效法五世祖，進行法雲寺的災後重建。陸游喜歡佛教壁畫，題詩僧壁，並收藏不少作品。當法雲寺落成，陸游捐贈了大量的佛經，以及貫休禪月大師所畫十六大阿羅漢像，並布施自己的住宅用以興建觀音大士殿，作祈禱文。除了法雲寺，陸游還寫了許多佛寺修建的記文，可見他曾參與許多寺院的重建工作。

年輕時的陸游常常借宿禪寺，實際體驗寺院的浴佛、齋戒、法會、禪修等生活，特別是雲門寺的鐘聲讓陸游「疏鐘起詩思」，更不斷地追思「何時卻宿雲門寺，靜聽霜鐘對佛燈」。陸游經常前往的寺院還有阿育王禪寺、天童寺、法雲寺、徑山寺、禹廟等，也難怪他說：「三百六十日，安可日日愁。四百八十寺，要需寺寺遊。」可見陸游以遊寺為樂趣，更喜歡時時在佛寺中享受「松風寒」的靜寂幽玄，以找回內心的寧靜，也因此陸游覺得自己「如僧未出家」。因為熟悉佛寺生活，陸游詩作「今朝佛粥更相餽，更覺江村節物新」，記錄下了臘月八日佛寺食用紀念釋迦摩尼佛成道苦行，冬日中又能溫補的五味粥。

陸游與許多高僧大德建立深厚的情誼，例如臨濟宗大慧宗杲禪師門下的徑山寶印禪師、佛照德光禪師、涂毒策禪師等，留下不少化用佛典與公案，饒富禪境的作品，如「我得茶山一轉語，文章切忌參死句」。由於南宋印刷出版業的發達，陸游幫不少僧人的作品作序，也留下很多禪師像贊、佛殿碑銘與墓誌銘，如〈大慧禪師真贊〉、〈佛照禪師真贊〉、〈定法師塔銘〉等，和往來互動的詩歌，也難怪陸游自比為「三生原是出家人」、「在俗亦如僧」、「身如行腳僧」、「心似山僧已棄家」。

陸游雖然傾心佛門，卻也有著一段非常著名的愛情故事。他在禹跡寺遇見前妻唐婉，兩人為表兄妹從小青梅竹馬，然而卻被母親硬生生拆散，相遇當下，陸游忍不住作了〈釵頭鳳〉「一懷愁緒，幾年離索，錯！錯！錯！」、「山盟雖在，錦書難託，莫！莫！莫！」表達內心對前妻的思念，唐婉也以「人成各，今非昨，病魂長似鞦韆索。角聲寒，夜闌珊，怕人尋問，咽淚裝歡，瞞瞞瞞！」相應和，表達內心的無奈與深情，成為戲曲故事中淒美的戀曲。

靜觀默照，以詩參禪

陸游很喜歡焚香靜默、坐禪休歇，受到正覺禪師默照禪倡導「靜觀默照」修行方式的影響，陸游不僅留下很多自己坐禪修行與養生的心得「一陽萌生從此日，老人堅坐午達夕」，年近九十還能身手矯健，而說「已迫九齡身愈健，熟視萬卷眼猶明」。透過陸游練習氣功和靜坐的作品，「氣住即神存，心安自保身」，讓後世也能夠效法學習。此外，陸游也熟讀許多佛經、燈錄，如《維摩詰經》、《金剛經》、《楞嚴經》與《景德傳燈錄》等，因此留下的詩作中有不少文殊師利問法、天女散花、維摩示疾的典故，並引用《金剛經》「六如之喻」與空幻思想等。

陸游更將從禪宗中領悟的「參悟」、「六根互用」運用在詩作中，認為「學詩大略似參禪」，留下非常多日常生活中以「品茗」、「拄杖」、「弈棋」、「賞花」等來觀照參禪的作品。

如同禪修不能只著重打坐的工夫，要將禪法應用於生活，陸游非常強調詩外工夫，其示子詩說「汝果欲學詩，工夫在詩外」，受到宗杲禪師「莫問幾時悟」啟發，非常重視遍參諸方的博學與熟讀暗頌的勤奮堅持，並且認為「且下工夫二十年」才能夠頓悟，「天機雲錦用在我」，自然而然寫出好的作品。

禪詩賞析

紹熙三年（一一九二）夏天，陸游到山陰寫下這首〈仰首座求鈍庵詩〉，「鈍庵來問鈍何如，真個能參鈍也無。掘井及泉哪用巧，磨磚作鏡未爲愚」，詩中運用《景德傳燈錄》南嶽懷讓「摩磚為鏡」的公案，公案原意是透過磨磚不能作鏡，坐禪不能成佛，說明學佛要把握自性真如，並點明只靠問法無法參悟。然而，陸游特別翻案為創新，表明鈍工夫的重要，只要堅持到底，無須計較巧和愚。「掘井及泉」與「磨磚作鏡」都展現不求巧的鈍工夫，更表明心志「先師鉢袋當傳後，上座蒲團莫負渠。我亦年來念休歇，約君同作鈍工夫」，不但希望自己能夠加入鈍工夫，更希望大家都一起來加入鈍工夫。

其實，無論是禪修或是任何一門工夫，鈍與巧都沒有絕對的對錯，重要的是能夠看清當下的情況，以及未來的方向。南嶽懷讓是在馬祖道一累積了相當的鈍工夫，只差臨門一腳時，才抓準時機，以磨磚不能成鏡給予提點。而陸游則以掘井及泉為喻，提醒若缺乏永不放棄的鈍工夫，又怎麼可能打好基礎一門深入，鑿出清泉呢？而陸游在寫詩與靜坐上長年堅持鈍工夫，難怪能長壽並且累積詩歌量排行第一名。（吳靜宜）

耶律楚材〈西域和王君玉詩〉

（元．一一九〇—一二四四）

竹徑風來自破禪，修篁青劍葉垂千。
爛吟風月元無礙，高臥煙霞未是賢。
迷處無由逃絆鎖，悟來何處不林泉？
縱橫觸目皆真理，坐臥經行鳥路玄。

蒙古帝國能以外族身分統治華夏一百多年，原因之一，就是建國之初重用耶律楚材制定典章，令剽悍好戰的蒙古百姓攝化於佛教，其後諸帝承襲此風，皆倚重僧、信協助治國。元朝的國教雖是藏傳佛教，但因不合民情，只能在宮中流傳。而民間則以禪、淨二宗最為盛行，禪宗有曹洞宗的萬松行秀發揮曹洞家風，臨濟宗則以雪巖祖欽、高峰原妙、中峰明本為代表，這一時期的禪僧仍延續宋代禪淨雙修的風潮，多兼修淨土，可知元代佛教諸宗融合的現象頗為明顯。

以佛法慈悲拯救蒼生

耶律楚材是契丹族後代，遼皇族遼東丹王突欲的八世孫，生於金章宗明昌元年（一一九〇），名楚材，字晉卿，號湛然居士，卒於元乃馬真后臨朝稱制時，享年五十五歲。楚材的父親耶律履是金朝官員，當時金朝已開始沒落，耶律履曾感慨地說：「吾六十而得此子，吾家千里駒也，他日必成偉器，且當為異國用。」他借用《左傳》中楚國雖有人才，但被晉國所用的典故，為子取名耶律楚材。楚材三歲喪父，由母親楊氏扶養長大。十七歲考中進士，二十四歲金章宗授與他開州同知一職。次年蒙古大軍南下圍攻燕京，楚材與丞相完顏承暉一起留守燕京，燕京城破時，完顏承暉守節自盡，耶律楚材無處可去，遂進入了報恩寺，拜在萬松行秀門下學習佛法，由此對於佛法有了更深刻的了解與體會。

楚材不負父親取名的初衷，才華橫溢、滿腹經綸，精通漢族語言文化，通曉天文、地理、曆法、醫術，並以佛法慈悲拯救天下百姓，可謂是一位兼融入世與出世之道的一代賢聖。他所提出「以佛治心、以儒治國」的主張，消弭了後世佛教居士對從政與歸隱的矛盾。成吉思汗聽聞楚材的學行，便下詔召見，成為成吉思汗西征時的重要幕僚。當蒙古軍攻克金都汴梁，有人建議屠城，幸得耶律楚材機智化解，才使得全城百姓倖免於難，保全了一百四十七萬人的性命。蒙古初入中原時，原本想要殺盡漢人，把中原變成牧場，也是因耶律楚材的勸說，才化解了一場災難。征伐南宋時，許多名士如元好問、趙復、竇默、王磐等人也都因耶律楚材的保護，而得以保全性命並被啟用。

爾後窩闊台繼位，楚材被任命為中書令，制定了許多法令，如政治、經濟、文化、軍事等，都成為蒙古帝國後來頒布政策和改革的基礎。

在耶律楚材的輔佐下，蒙古從一個落後野蠻的部落，轉變為文明開化的國家，開啟了蒙古漢化的先河，故當時人稱讚他：「提倡仁政，化解苛政，救貧濟困，人人富足。」當他去世的噩耗傳出時，舉國哀悼，許多蒙古人都痛哭，如同失去自己親人一般。

耶律楚材自小就開始研讀佛經，曾自述：「予幼而喜佛，蓋天性也。」他之所以能肩負國家重任，解救無數蒼生，應該也是長期受到佛法熏陶的結果。他隨成吉思汗西征，旅居西域前後共十年，寫了很多詩，他的《湛然居士文集》則被公認為是元詩的開端，在中國文學史上有重要地位。他的詩，題材豐富獨特，不但描寫雄壯奇美的西域風光和異域風情，同時也表達對人生仕途的感慨及盼望天下一統的情懷，可說是元代承先啟後的詩人。他與王君玉唱和的詩就多達三十四首，足見兩人感情深厚。其中又有九首關於茶的詩作，更是研究西域與中原文化交流的重要文獻。

〈西域和王君玉詩〉共二十首，這首是其中的第七首。首二句「竹徑風來自破禪，修篁青劍葉垂千」，詩人以竹林的動與靜，象徵動靜皆自在的禪修心境。許多古代文士都喜歡在山中、竹林歸隱或禪修，因為山的寧靜、竹的自在優雅，都易讓人澄心靜慮。例如黃庭堅參訪黃龍禪師時，因聞木樨花香，洞然有省，竟淚流滿面，跪地而拜，黃龍禪師則笑道：「我只不過是讓你到家罷了，恭喜居士終於到家。」

「爛吟風月元無礙，高臥煙霞未是賢。」顯現出詩人的直率，誰說喜愛吟詩作對，就一定會妨礙參禪修道呢？而高臥隱居於山林中的，也未必就是賢聖之人。「迷處無由逃絆鎖，悟來何處不林泉？」眾生是因為執迷不悟，所以才會沉淪於六道輪迴，無法逃離世俗的種種羈絆，而凡人覺悟即是佛，只要能看清塵世間的一切只不過是空花水月，那麼何處不能隱居呢？誠如陶淵明所說「心遠地自偏」，吾心安處便是家，一個人若能悟得此理，就能得到隨遇而安的大自在了。

「縱橫觸目皆真理，坐臥經行鳥路玄。」最後二句，則是全詩重點。對覺者而言，處處都是佛法真理，行、住、坐、臥皆是禪。「鳥路玄」則是出自洞山良介禪師：「不開口處玄關轉，未措言時鳥道玄。」鳥行於空，飛過之後即無蹤跡，象徵無染的悟境，這般無染的境界，是一切法中最玄奧，但也是唯一的真理。這樣的真理無處求，就在你的每個舉手投足之間，這就是曹洞宗旨的事理圓融。

耶律楚材深入佛理，以智慧拯救了當時無數的金人、漢人，又以儒家經世濟民的理論，制定了典章制度，幫助蒙古人漢化成功。這無疑是提供了中國古代文人，在出世與入世的矛盾中取得平衡點，讓有志之士，不但可以成就佛道，亦可以以一己之聰明才智，貢獻社會。即便有如此大的福德智慧，楚材心中仍是「鳥道無跡」的一派澄明。（黃秀珠）

劉基〈立春夜聞蛙鳴作〉

（元末明初・一三一一—一三七五）

輕輕細雪點枯池，
嫋嫋東風拂樹枝。
春到草根人未覺，
夜來先有蟄蛙知。

劉基又被稱神機妙算劉伯溫，常與諸葛孔明相提並論，民間流傳「三分天下諸葛亮，一統江山劉伯溫；前朝軍師諸葛亮，後朝軍師劉伯溫」。因為輔佐明代開國君主朱元璋，推翻元朝而建立明朝，並完成帝業，聲名傳播海外，被明武宗譽為「開國文臣第一」、「渡江策士無雙」，與宋濂等共同制定明初開國制度，朱元璋更認為劉基乃「吾之子房也」。他以政治家、軍事家、天文、易學等聞名，上通天文下知地理，博通經史、精於兵法，著有《百戰奇略》，但他其實也是文學家，創作不少詩文作品，和宋濂、方孝儒合稱「明初散文大家」，詩風沉鬱，與高啟齊名。錢仲聯認為其「政治、道德、文章，在明初首屈一指」，更列為明清散文八大家之首。劉基神機妙算的流傳事蹟有三大預言，分別為〈燒餅歌〉、〈金陵塔碑文〉與〈救劫碑文〉。

進退自在的處世智慧

劉基，字伯溫，以字行，世人多稱劉伯溫，浙江青田人（今浙江省溫州市文成縣），故人稱劉青田。為明代開國的國師，封誠意伯，並被追贈太師，因此又被稱為劉誠意，諡號文成。劉基經歷元代的興衰，自幼聰穎過人、過目不忘，十四歲已經受到當代理學家鄭復初的極高肯定，認為其才華出眾，假以時日必能光耀門楣。十八歲於青田石門洞中苦讀《春秋》，而完成《春秋明經》二卷，提出「以德治國」、「惟德自強，實施仁政，以民為本」。考上進士後，被讚賞「此子乃魏徵之流，而英特過之，將來濟時器也」，譽為「諸葛孔明之儔」。年少的劉基自我期許甚高，〈北上感懷〉詩中道出懷黎民之憂，期待能夠解救生民於塗炭。二十六歲初任仕途，任高安縣地方官，作三篇〈官箴〉自我期許，期盼「視民如兒」。雖然當時元朝已經是氣數將盡，但劉基仍是非常關懷民生疾苦，積極為農民發聲，更以詩歌〈憫農〉、〈荒村〉譴責執政者的剝削，懷抱經世濟民的理想。但仍無法撼動腐敗的官場，反而因為得罪權貴而被調任江西行省幕僚，他因而感慨「風塵奔走僅五稔，滿懷荊棘無人除」，憤慨地辭官。辭官後，劉基回到家鄉隱居，並以〈蛟溪詩〉「閉藏當有待，保養慎無失」，表明自己期許有朝一日能夠報國的志向。

劉基早年對佛教持批判態度，然而生命的經歷，讓他轉為信奉，並與許多方外之士相交，據統計他至少與三十九位高僧大德往來互動頻繁，有詩文之交、書畫之交、同鄉之交等。擔任浙東元帥府都事時，因建議招捕方國珍，而遭免職並羈管於紹興。於是他開始寄情於山水，希冀內心的平靜。宋元時期紹興曾為浙東傳播佛教的中心，羈管紹興時，劉基到過許多重要的寺院，如寶林寺、靈風寺、普濟寺、崇福寺、雲門寺等，特別數度沉迷於雲門、若耶溪，更與別峰上人、儔上人、宗上人等多有互動。有詩「上人遠公徒，我亦淵明輩」，表明他與方外之交以文會友，同樣潔身自處與相知相惜的情誼。

結束羈管，劉基又再度被任用，他原有一種忠貞愛國的情懷，然而面對元朝朝政的腐敗，深感無力挽回天，因而辭官隱居家鄉青田山中，發憤完成《郁離子》，書中以詼諧的寓言故事針砭時弊，期許「天下後世若用斯言，必可抵文明之治」，希望國家能夠以德治國、選賢與能，而達文明昌盛。朱元璋聞其名而禮聘他，希望能邀請他來當重要的參謀人才。劉基因為儒家夷夏之別的抗元心態，而協助明朝開國，獻〈時務十八策〉，參與軍機，協助朱元璋打下天下。朱元璋為吳王時，封劉基為吳太史令。明朝建立，劉基受封「誠意伯」的爵位，擔任御史中丞、資善大夫、上護軍等重要職務。明朝任官期間，劉基眼見朱元璋身旁有權臣、汙吏把持，於是決意韜光養晦，希望能夠全身而退之餘，也給予朱元璋許多忠告，無奈明朝初年雖有整頓政令的光明，卻有更多政治心機的黑暗，狡兔死走狗烹。他彷彿能預見自己可能面臨的災禍，因而想要再度請辭希望告老還鄉，終老山林，然而最後還是遭到李善長、胡惟庸的迫害，病逝於家中。

禪詩賞析

〈立春夜聞蛙鳴作〉有兩首，此為其二，劉基因為聽聞蛙鳴，身心彷彿被喚醒。因心思清淨，能屏除雜念，而能覺察萬物，此刻蛙鳴不是吵雜的噪音，而是自然的脈動。細微的雪花飄落在枯池中，微弱的春風不斷輕輕地吹拂著樹枝，這些都是春天到來的細微徵兆。而在眾人都沒有察覺前，春天的生機已悄悄萌生在草根，只有蟄蛙敏銳地察覺。隨著蛙鳴，喚醒了時序的輪轉，冬天即將結束，春天即將到來，因冬眠而沉睡的萬物都將慢慢甦醒。「嫋嫋春風」乃化用《楚辭・九歌》〈湘夫人〉中的「嫋嫋兮秋風」，而劉基敏銳地體察自然界的萬物細微的變化，與現實社會的相關相似性，從草根下、樹枝上、枯池、細雪，感受到生命的脈動。也從蜇蛙中領略了生存的道理，必須按照時序的流轉，順時而動。佛法所談，不出因緣二字，如劉基這般出色的軍事家、政治家，明白因緣不會無中生有，而懂得積極創造因緣，並以沉靜的心，見微知著善觀因緣，進而把握因緣當機立斷，所以讓人感到料事如神。

劉基是死後才被神化成為無所不知、神機妙算的劉伯溫，協助開創功業後，他有不少詩作都以「人生如夢」為詩旨，如「人生一世邯鄲夢」、「花開葉落真成夢」、「繁華過眼真成夢」，除了領悟《金剛經》中「人生如幻夢」，更傳達其失望。劉基的一生不停抉擇於仕或隱，然而最終的目的都是憂國憂民，期盼能有所為，當功成，他也不戀棧，反而提醒自己「富貴不可求，守分勿復疑」，並追求「一炷清香一卷書，此身安處即吾廬」，期盼遠離政治風暴。（吳靜宜）

王守仁〈題灌山小隱〉

（明・一四七二—一五二八）

一自移家入紫煙，
深林住久遂忘年。
山中莫道無供給，
明月清風不用錢。

陽明先生為陸王心學集大成者，是明代最傑出的儒學大師，也是歷史上非常有影響力的哲學家。除此，他精通政治、書法、軍事與心理學等，並創立「陽明學」，對於中國、日本與朝鮮等東亞文化圈產生顯著的影響。這樣一位經世致用的儒家代表人物，如何吸收佛學養分，開展全新思維，十分耐人尋味。

——心外無物的陽明學說

王守仁，幼名雲，字伯安，浙江餘姚人。因自號陽明子與陽明山人，而被稱為陽明先生，故後世皆稱王陽明。王守仁出身書香門第，年幼時便常跟著父親出遊，參訪過許多寺廟，綜覽山川，遊歷天下。少年時他便熱衷養生靜坐修行，沉迷到成親當天都忘了回去。他拜婁諒為師，學習宋代儒學家朱熹所提出的「格物致知」，並身體力行，想要實踐，追求真理，然而「格」了七天七夜都沒有悟出「格物」之理，卻也因此發展出承於陸九淵心學，認為「理在人心」、「心即是理」的陽明學說。

王守仁能文能武，任官時敢於挑戰權威，護衛忠良，也因此得罪當時的宦官劉瑾，而被貶官至貴陽龍場。為了教導當地居民，他因此完成〈教條示龍場諸生〉用以講學。陽明融合儒家心性之說與《金剛經》

「應無所住而生其心」，而提出「心外無理，心外無物」的理論。眾人不解，他因此便以日常生活中的賞花為例，「爾未看此花時，此花與爾心同歸於寂。爾來看此花時，則此花顏色，一時明白起來。便知此花，不在爾的心外。」說明心與花開花落的關聯。此外，陽明還領悟「知行合一」、「致良知」，以為「致良知」乃真聖門正法眼藏，通過機緣體認、直覺頓悟，才能讓本心澄明。

王守仁為軍事家，不僅協助剿匪，還利用反間計、虛張聲勢、圍魏救趙、聲東擊西、放火燒船等戰術，精準地料敵機先，調度兵馬，平定南昌寧王宸濠之亂，為明代第二位因有軍功而封爵的文官，任兵部尚書，並被封為新建伯。嘉靖六年（一五二七）福建、江西、廣東發生大規模民變，王守仁再度協助平亂，擒獲叛軍，因而被譽為「大明軍神」。

王守仁的佛教信仰主要受到祖母與母親的影響，年輕時與許多詩僧多有來往，例如雪江明秀、玉芝法聚、性空上人、雪航上人、九華山石庵和尚等。玉芝法聚是因為閱讀王守仁的《傳習錄》，由於陽明心學與佛禪有許多相似之處，兩人因而透過偈頌互答結緣。此外還有日本僧人了庵桂悟，又名佛日禪師，兩人曾經互相論辯佛法中的「空」，陽明更提出自己認為僧人應當「息慮以浣塵，獨行以離偶」，並題詩相贈，讚揚佛日禪師來華訪學的精神。佛日禪師並將陽明先生的心學傳入日本，影響中江藤樹、熊澤蕃山、佐藤一齋等人，甚而影響日本明治維新。

陽明先生雖然因為軍功而封爵，並長時間過著軍旅生活。然而他心性喜歡旅行，遊覽佛寺，嚮往清幽的環境。他遊覽過非常多的寺廟，例如開先寺、東林寺、天池寺等，也曾在白鹿洞書院講學。並常用詩歌記錄日常生活中的發現，與在自然山水中靜坐而得到的禪悟體驗，同時也傳達對於征戰的疲憊，「莫怪鄉思日夜深，干戈衰病兩相侵」，「碧水丹山曾舊約，青天白日是知心」，戰爭讓人身心俱疲，只有青天能夠證明他的忠貞之心。此外陽明先生也常在詩中傳達對於陽明洞的思念，如「何時卻返陽明洞」、「陽明山人舊有居，此地陽明景不如」，以及期待至山水自然中歸隱的心境，「道人莫問行藏計，已買桃花洞裡春」、

「若待完名始歸隱，桃花笑殺武陵人」、「羨殺山中麋鹿伴，千金難買芰荷衣」、「他年若訪陶元亮，五柳新居在赤城」等，都傳達他嚮往陶淵明不為五斗米折腰，遠離官場過著悠然見南山的隱居心境。

禪詩賞析

〈題灌山小隱〉有兩小首詩，其一，陽明先生引用了東漢向平，向平是一位不慕榮利的清高之士，常被推薦當官，然而他喜歡清靜，不愛做官，更帶著一家人隱居在山中。他最大的心願就是等到兒女都結婚後，就能夠過著閒雲野鶴、漫遊山川大河的心願。顯然這樣的想法打動著陽明先生，他也期待獨自一個人到遠離塵囂的山中隱居：「男婚女嫁多年畢，不待而今學向平。」他不在乎居住的環境，只要小小的茅草屋，外在的環境都不影響他，展現禪宗隨緣任運、逍遙自在的心境。

而其二，也就是本詩：「一自移家入紫煙，深林住久遂忘年。山中莫道無供給，明月清風不用錢。」內容是說山中無甲子，自從搬入深山，山中紫色的煙霧繚繞不知不覺也就忘了今夕是何年。山中生活自然無法和塵囂相比，無法有許多的物資，然而卻有取之不絕的明月、清風、白雲為伴，簡單隨意的山居生活，其實是修行悟道最好的方式。

陽明的詩歌很常化用禪宗的意象、術語與典故，詩句「明月清風不用錢」化用了禪宗的偈頌：「鶴立松梢月，魚行水底天。風光都占斷，不費一文錢。」禪宗主張日常生活即是禪，陽明先生的詩歌體現了：「佛法無用功處，祇是平常無事，屙屎送尿，著衣喫飯，困來即臥。愚人笑我，智乃知焉。古人云：向外作工夫，總是癡頑漢；爾且隨處作主，立處皆真。」就像〈太平宮白雲〉「白雲休道本無心，隨我迢迢度遠岑」，以無心的白雲，表現出隨緣任運、優游自得的禪宗精神。

陽明自從修道之後，講學中時常援儒入禪，進行儒、禪的交融，正如〈廬山東林寺次韻〉：「遠公學佛卻援儒，淵明嗜酒不入社。我亦愛山仍戀官，同是乾坤避人者。」傳達自己與慧遠、陶淵明都追求儒、釋、道三教融和，並以「手握頑磚鏡未光，舌底流泉梅未熟。夜來拾得遇寒山，翠竹黃花共好看。同來問我安心法，還解將心與汝安」，表明參禪靜坐只是一種方法，佛法無所不在，最重要的是要能反觀自心，讓心澄淨，以求頓悟，才能真正參透明心見性。（吳靜宜）

袁宏道〈戲題飛來峰〉

（明・一五六八—一六一〇）

試問飛來峰，未飛在何處。
人世多少塵，何事不飛去。
高古而鮮妍，楊雄不能賦。

晚明讀書人特別重視日常生活中的文人風流雅趣，生活中更追求重視自我、遊戲人生，其中袁宏道更是為代表。他曾書寫世間快活事乃「看遍世間的美色，聽遍世間的樂曲，嘗遍世間的美味」，更放肆地說：「當率行胸懷，極人間之樂。」袁宏道與兄袁宗道、弟袁中道，兄弟三人，人稱「公安三袁」，都是明代公安派的核心代表人物。公安派反對復古與擬古，認為創作不該模擬字句，而應該要學習古人的精神，提出文章應重視性靈與獨創，追求作品要能抒發真實的性靈，不拘束於格律、俗套，並主張「性靈說」，影響後代文人甚深，並有許多清新的小品文創作。

詩文必須終身正直以對

袁宏道，字中郎，又字無學，因為讚歎太湖石公山奇特如天地之靈根，而自號石公山人，荊州公安人（今湖北省荊州市公安縣）。年少時因聰慧而善詩文，十五、六歲時結文社於城南，並自任社長，三十歲以下的社友皆稱其為老師，一起賦詩談禪。袁宏道從小體弱多病，年幼的他經歷母親與親友的離世，都讓他深感人生無常，因此青少年時就常在詩文中表達對禪學的熱衷，如「等閒法法都如夢，眼底何勞覓化城」、

「我亦冥心求聖果，十年夢落虎溪東」，表現對佛禪的嚮往。

他很年輕就考上進士，並且擔任吳縣縣令。任官期間袁宏道非常積極治理，受到「二百年來，無此令矣」的肯定。吳縣是非常繁華的城市，有不少風流之士，流連詩文書畫，喜愛「閒情觀祕戲」，並「縱心搜樂事」。袁宏道有獨特的審美眼光，和特別的文學見解，並想要矯正當時過於復古擬古的風氣，認為詩歌貴真尚我，以為「真者，精誠之至，不精不誠，不能動人」，然而在吳縣他竟然找不到人可以和他討論文學，深苦於「無人可語」。

官場的險惡，爾虞我詐，都讓他深感「吳令甚苦我：苦瘦、苦忙，苦膝欲穿，腰欲斷，項欲落」，參禪不得，吏隱不成，使得他轉而熱愛自然山水，並且酷愛冒險。因此沒做幾年縣令就藉著生病而辭官，接連七次請辭才成功，當得知獲准，疾病居然不治而癒，他開心地道「乍脫官網，如游鱗縱壑，倦鳥還山」，而與陶望齡開始他的冒險之旅，縱游江南山水，並書寫非常多獨特賞遊的山水遊記詩詞文，遊覽了虎丘、洞庭、天池、靈岩、橫山等山水，不僅描寫山水的神情，更寄託內心的情思。然而自在了一年之後，盤纏用盡，只好在家人的安排下，重返仕途，到北京接受順天府教授的官職，帶領師友們吟詩作對，做了許多怨刺詩，抒發自我怨情及批評朝政、揭露黑暗。他非常佩服蘇軾，欣賞蘇軾的詩詞，評他「有天地來，一人而已」。

袁氏三兄弟都崇尚佛法，並曾在北京崇國寺結蒲萄社，使學佛之人都能聚在一起，共同談禪論學、研究佛法。袁宏道除了喜歡讀經習禪，還結交許多僧人朋友，如碧暉和尚、如愚、無念、死心、不二、雪照、冷雲等人，彼此間時常酬唱互答。受到陽明心學和李贄「狂禪」的影響，袁宏道也提出：「不必以佛法為案，且佛亦人也。」並認為禪法是變化流動的禪，沒有定法，因此不需要拘泥持戒、誦經、念佛、坐禪等。但自從北京攻禪事件發生後，袁宏道從失望中反思「狂禪」的缺失，而提出禪淨雙修，配合茹素持齋修行，完成了許多佛學方面的著作，如《西方合論》、《六祖壇經節錄》、《金屑編》等，其中《西方合論》被智旭大師收錄為《淨土十要》，成為明末淨土宗的重要經書。《金屑編》則收入七十二則他日常習禪的心得與禪學體悟。

由於個性不喜歡受到拘束，艱苦茹素持齋一段時間後，袁宏道又提出「此飲藥而服忌，不若不飲而愈也」，開始追求洪州馬祖「平常心是道」，並學習臨濟宗「即心是佛」，追求「隨處任運」的隨緣禪，提出「隨緣消日月，任運著衣裳」，最後完成《德山麈譚》，認為「學道人須是韜光斂跡，勿露鋒芒」、「若逞才華，求名譽，此正道之所忌」。

隱居柳浪館可以視為袁宏道生命與創作的轉捩點，大哥宗道的離世讓他大受打擊，透過隱居與世隔絕，參禪禮佛，專心研究《宗鏡錄》，而完成《宗鏡攝錄》。經過生命的反省、修正，開始用一種比較嚴肅、內斂的態度，創作風格轉為清雅、澹泊，並認為「詩文是吾輩一件正事」，認為自己創作「字字鮮活，語語生動，新而老，奇而正，又進一格矣」，而且出佛入儒不露痕跡。

禪詩賞析

〈戲題飛來峰〉共有兩首，本詩為其一。首句運用禪宗機鋒，明知故問。傳說中，飛來峰是從印度靈鷲山飛過來坐落於杭州靈隱寺的靈山，本詩以遊戲自在的氛圍，從時間的流動提出禪問，首聯從飛來峰的現在想到過去，頷聯則由現在想到未來。高古的飛來峰，有著濃厚的佛教色彩，飛來峰飛來以前，究竟是在什麼地方呢？這個叩問，宛如在問我們的生命究竟從何而來，什麼是我們未出生前的本來面目呢？而人世間的萬般塵事，又有哪一樁不隨著時間而消滅流逝？「高古而鮮妍」，當中的答案既是亙古，卻又歷歷活潑地作用在每一個當下，這樣奧妙的境界，即使是漢代的著名哲學家楊雄，也無法以任何文字來描述。表面看來只是一首描寫山水佛寺的詩，其實富含禪意，透過明知故問，說明人世間的現在、過去、未來，不必問為何不飛去，照見五蘊皆空，正如同禪宗明心見性，終能悟其本來面目。

晚明文人追求享樂的生活，三袁兄弟都喜好遊山玩水，特別是袁宏道，更是為了倘佯山水，而放棄了官職。他認為「湖山可以當藥，青山可以健脾」，他的賞遊不是單純的遊玩，而是在探險的過程中，追求奇、險、新、變，尋找自我，探索自我、寄情於山水。並透過書寫山水遊記，「凡水之一貌一情，吾直以文遇之」，追求獨抒性靈。並在縱情與去欲中找到平衡，袁宏道為何會三仕三隱，除了因為身體狀況、無法認同執政者、親友的逝去，但又關懷百姓蒼生，因而不停地掙扎，對他而言，最欣賞生活型態就是追求自在自適的生活。（吳靜宜）

湯顯祖〈高座陪達公〉

（明・一五五〇—一六一六）

一切雨花地，重遊支道林。
雲霞法塵影，山水妙明心。
境以莊嚴寂，春當隨喜深。
金輪忽飛指，江上月華臨。

佛教發展到晚明，呈現天台、華嚴、禪宗、律宗、淨土等諸宗融和的盛事，此外自宋代開始文士普遍都接觸儒、釋、道，並開始交融，到了晚明由雲棲袾宏、紫柏真可、憨山德清、蕅益智旭四位高僧的帶領，呈現「似儒非儒、似禪非禪」、「士夫無不談禪，僧亦無不與士夫結納」，諸宗調和、禪淨合流、三教融和與居士佛教的新局面。此外，思想界的陽明心學與禪宗結合，融合成所謂的狂禪思潮。

夢了為覺，情了為佛

湯顯祖被譽為「東方的莎士比亞」，享譽國際。他最出名的作品為《牡丹亭》，又稱《還魂記》，內容描寫太守閨女杜麗娘與書生柳夢梅生死愛戀的故事，情節虛實交錯，曲折離奇，表現明代女子想要衝破禮教與對自由的渴望，道出「情不知所起，一往而身，生者可以死，死可以生」，掀起舞台戲劇的新風潮。湯顯祖，字義仍，號海若，晚號繭翁、清遠道人，臨川人（今江西省撫州市臨川區），為晚明文壇界的泰斗。自幼受祖母熏陶學習佛道，十三歲時，父親延請泰州學派羅汝芳到臨川講學，隨羅老師到處學習。恩師提出仁的學說，讓湯顯祖當官時產生「生生之仁」的貴生思想。泰州學派的心學、狂禪等思想，對湯顯祖的人生觀與文學思想都產生很大的影響，更讓他一生以真心、直心，言人所不敢、不能之言。並認為「直心是道場。道人成道，全是一片心耳」，而以「直心」進行創作，追求「神情合至」的最高境界。

萬曆四年（一五七六），湯顯祖到南京國子監遊學，常至報恩寺閱讀佛典，萬曆七年（一五七九）曾在南京清涼寺講經說法，並與晚明四大名僧皆有交流。憨山德清曾寫信給湯顯祖說「長干一別，貶眼十年。舍利身光，居然在目」，可知兩人曾一起切磋佛法。另外，湯顯祖幫雲棲袾宏蓮池大師所著《戒殺文》作序，以為「無始以來，遞代相食取報」，從佛教因果報應思想的角度思考，贊同袾宏所提倡的不殺生。並在〈與無去上人〉中提出四香戒：不亂財、不淫色、不誑訟、不嫉害，即為手香、體香、口香、心香。此外，湯顯祖還幫《五燈會元》作序，以為禪宗一花五葉，化為臨濟宗、曹洞宗、雲門宗、法眼宗、溈仰宗五個宗派，乃「惟用一翻字法門，掃除文障，直指心地法門」，運用各種方法，如棒喝、文字禪等，目的都是利用文字，又不死於文字之下，進入禪定，又不被禪定束縛，如此才能真正達到禪悟。

湯顯祖出生書香門第，萬曆十一年（一五八三）高中進士，於南京任太常寺博士，此為閒官，湯顯祖於是趁機深研詩文詞曲與佛書，並提倡用文字禪以嚴戒律。湯顯祖為官清廉，個性潔身自好，勇於為揭發積弊，並想效法王安石的變法，勇敢指出明神宗錯用張居正等人，彈劾貪贓枉法的官員，不料因此觸怒明神宗，而遭貶至國界之南充滿瘴癘之地的小縣城徐聞縣當官。自此湯顯祖效法當年被貶到海南島的蘇東坡，決心做個好官，盡力興辦教育，開啟民智，並且得到百姓的肯定。萬曆二十六年（一五九八），湯顯祖因灰心政府課重稅，眼見朝政腐敗卻無力改變，憤而棄官歸隱，回到故鄉臨川建了玉茗堂，從此專心創作戲劇，追求「有情之天下」更高的人生境界。

湯顯祖在戲劇作品中闡述禪宗思維方式，如《南柯記》「禪請」談洞穴中有八萬四千戶螻蟻，總在燃燈念佛時，出來聆聽，「無影樹下，弄月嘲風；沒縫塔中，安身立命」，闡述「有無相遺，水月相忘」的佛教思維，而「求眾生身不可得，求天身不可得，便是求佛身也不可得，一切皆空了」，「人間君臣眷屬，螻蟻何殊？一切苦樂興衰，南柯無二」。湯顯祖借最卑微的螻蟻，為一切有情說法，道出芸芸眾生於天地間都似蜉蝣一瞬，榮辱興衰皆為南柯一夢。最後頓悟佛法所云：「夢了為覺，情了為佛。」

萬曆十八年（一五九〇），湯顯祖因為紫柏真可大師的開示而領悟，萬曆二十六年（一五九八）底，湯顯祖與紫柏真可第五次重逢，兩人相處一段時間，並書信往來，啟發湯顯祖對於人生若夢的醒悟。那一年湯顯祖辭官回到家鄉，加上愛子早殤，讓他對於生死大事非常感慨。紫柏真可開示「年來世緣，逆多順少。此造物不忍精奇之物，沉霾欲海，暗相接引」，讓湯顯祖非常感動，而以〈江中見月懷達公〉一詩回應「初知供葉隨心喜，得似拈花一笑看」、「無情無盡恰情多，情到無多得盡麼？解到多情情盡處，月中無樹影無波」。達公就是紫柏真可大師，江月本無情，因此無影也無波。表面看似無情，但反而也代表情感的永存。無窮盡的江月流光正如同無盡的相思。

禪詩賞析

湯顯祖於本詩懷想在南京雨花台區高座寺，聆聽紫柏真可分享佛法大意的情景，「一切雨花地，重遊支道林。雲霞法塵影，山水妙明心」。高座寺建於西晉初年，又稱甘露寺。湯顯祖以為紫柏真可的修為與晉高僧支道林相比，兩人旗鼓相當。支道林是晉代名僧，常與當代名士談論《莊子．逍遙篇》，甚至為〈逍遙篇〉作註，令群儒歎服，以中國哲學為橋樑，先與老莊思想接軌，再提出「即色是空」，說出佛法的本義，調和了中、印思想的差異。在三教融和風氣大盛的明代，確實令人聯想到佛教始入漢地，借道家玄虛思想以釋佛法的開放作風，以及當代名僧的努力。一個是佛教初傳的時代，一個是佛教復興的時代，不僅同樣展現佛教的開展性、包容性，也為後人指引出嶄新道路。

「境以莊嚴寂，春當隨喜深。金輪忽飛指，江上月華臨」，除了對禪法境界的嚮往與對紫柏真可的敬仰，藉著描述高座寺澄淨空明的環境，紫柏真可的佛法開示因莊嚴而寂靜，讓人感到如沐春風，深得禪悅，不知不覺坐到月華初上，渾然無覺時間的流逝。聽經時，因與佛法相契所感受到的充實與豁然開朗，是種美妙難喻的法喜，在喜悅之上，湯顯祖更因為心境的安定，而深入禪味，令讀此詩宛若在現場一同聽經，忘卻天地時空。

紫柏真可大師為湯顯祖取法名從寸虛，並希望湯顯祖要勘破世情，進而提昇到廣虛，最終到達覺虛。然而，湯顯祖忍不住以自己崇拜對禪法有極深體會的樂天居士和東坡居士為例，說明自己最想要學習的對象就是白居易與蘇軾，即使看破人情冷暖，仍為情所困，表達自己一生對情的執著。佛法並未要人斷情捨義，修行需要悲智雙運，湯顯祖筆下的動人戲曲，也是出於對世人的無盡慈憫，才能造就。（吳靜宜）

張問陶〈禪悅〉

（清・一七六四—一八一四）

蒲團清坐道心長，
消受蓮花自在香。
八萬四千門路別，
誰知方寸即西方。

清初延續晚明的佛教發展趨勢，仍以禪宗和淨土最為興盛。順治皇帝曾作〈讚僧詩〉：「我本西方一衲子，為何生在帝王家？」「黃金白玉非為貴，唯有袈裟披肩難。」詩中表明了出家為僧的心願，並召海會寺憨璞性聰、浙江玉林通琇、木陳道忞、茆溪行森等僧人入宮說法。康熙則迎請明末以來的各宗派高僧入京，促進佛教的復興。到了雍正提倡禪宗和念佛，並且信仰淨土，自許為禪宗血脈，法號「圓明居士」，對近代以念佛為主的禪淨共修，影響甚大。到乾隆時代，則因重視漢學，對佛教的支持已大不如前。而在文壇，因儒風興起，造就「乾嘉學派」的鼎盛，敢於考證而向聖賢之書發難提出質疑，後期卻逐漸淪為鑽入紙堆的考證之學。此時出現袁枚、趙翼、張問陶三人，打破擬古風氣，強調應以真性情為創作起點，合稱清代「性靈派三大家」，對近代及現代文學產生重大影響。

性靈來自生命體驗

張問陶，字仲冶，一字柳門，四川遂寧縣（今蓬溪縣）人，因善畫猿，自號「蜀山老猿」。是清代傑出的詩人，也是著名畫家。其詩天才橫溢，現存詩三千五百多首，被譽為「青蓮再世」、「少陵復出」，著有《船山詩草》。是清代「蜀中詩人之冠」，也是元、明、清以來的巴蜀第一詩人。問陶出身於官宦世家，自幼隨父親張顧鑑宦遊均州、荊州、黃州、漢揚等地，與其兄張問安、堂弟張問彤合稱「遂寧三張」。二十四歲時，因問陶所寫詩歌傳抄者眾，成都鹽茶道林儁愛慕他的文才，將愛女林韻徵許配給他，因此有世界詩壇罕見的「三兄弟三妯娌詩人」，即張問陶、兄問安、弟問萊、嫂陳慧殊、弟媳楊古雪均是詩人，時人洪亮吉更將其與李白、蘇軾相提並論。

「性靈」一詞生於佛教盛行的南朝，受心外更無一物的佛教觀點影響，而將心視為創作的本源。張問陶主張寫詩必須有自己的真實感情，以及自我個性，有情才能寫出真詩。何謂真詩？就是能將最真的自我與感情傳達、感動他人，是詩的本質。這份真情無法從古人書堆中尋找，只能透過生活閱歷觀察而培養。這樣說來，學佛修禪不也正是如此嗎？如人飲水，冷暖自知，真正的體悟唯有來自自己的生命經驗。

〈禪悅〉這首詩作於嘉慶十四年（一八〇九），張問陶四十六歲，在京城擔任吏部郎中，他經歷了清朝由盛轉衰的時期，當時清廷閉關自守，英、俄勢力擴張，他深感情勢危急，提出革新主張，但皇帝卻置之不理。問陶為官清廉，關心民瘼，他在擔任山東萊州知府時，櫛風沐雨、跋山涉水，深入所轄七邑了解民情，清理積案，獎掖後進，深得民心。後因轄區遭遇嚴重水災，民生困苦，他上報請求減免緩繳稅租，並發放積穀賑濟災民，與上級長官不合，於嘉慶十七年（一八一二）以病辭官，行前將自己歷年積蓄，捐穀七百石賑濟七邑飢民。之後寓居虎丘，自號「藥庵退守」，嘉慶十九年（一八一四）三月初四日病卒於蘇州寓所，享年五十一歲。

有人說：「中國人是頭戴儒家冠，身穿道家袍，腳踏佛家鞋。」儒家的經世、道家的隱世、佛家超然於世而不避世的觀念，影響著世世代代的讀書人，皆以經世致用為目標。而當政治環境令人無法一展抱負時，佛法正是讓他們發現人生豁達新天地的一帖清涼，不囿世事，卻能務實活在當下每一刻。

禪詩賞析

〈禪悅〉有兩首詩，此為第一首，詩中洋溢著作者禪悟的喜悅，前二句：「蒲團清坐道心長，消受蓮花自在香。」詩人端坐在蒲團之上，置身在清香淡雅的蓮花香氣中，享受著參禪悟道帶給自己心靈超脫的愉悅。

「八萬四千門路別，誰知方寸即西方。」這是詩人參禪悟道的所得，雖然佛法有八萬四千種不同的法門，但經過一段時日的修習禪定，讓心靈澄淨，也將官場的失意，面對百姓的困苦，自己卻無能為力的痛苦解脫出來。原來只要悟得自己的本心，天下百姓在我們的心中，西方淨土也在我們的心中。牛頭法融禪師云：「百千妙門，同歸方寸；恆沙功德，總在心源。」雖然學習佛法有諸多法門，但是終歸是要獲得心靈的昇華和解脫，只要能悟得此境，方寸的心田就是西方淨土。中峰明本禪師亦言：「人人分上，本有佛陀。箇箇心中，總為淨土。了則頭頭見佛，悟來步步西方。」本詩文意淺顯易懂，短短二十八字，表現出深遠的禪意、清幽的意境，故而獲得許多人的喜愛與誦讀。

本詩的第二首：「門庭清妙即禪關，枉費黃金去買山。只要心光如滿月，在家還比出家閒。」所要闡明的理趣，同樣是「明心見性」，只要心地像滿月一樣皎潔明亮，那麼在庭院清幽的家中修持，同樣也可以進入禪關，不需要浪費金錢去買深山才能修行。此句與第一首都是說明，禪修主要是要修得「心性澄明」，識得本心，是我們通向自在、快樂的大門，只要心圓滿清淨，那麼一切的煩惱、無明，是非對錯都不能影響我們了。讀禪詩可以品味詩中的禪、禪中的詩，只要細細品味，一旦與自己的生命經驗有了連結，就能打開了我們心中的寶藏，也因此而有了悟道的契機。（黃秀珠）

附錄 禪宗法脈傳承表

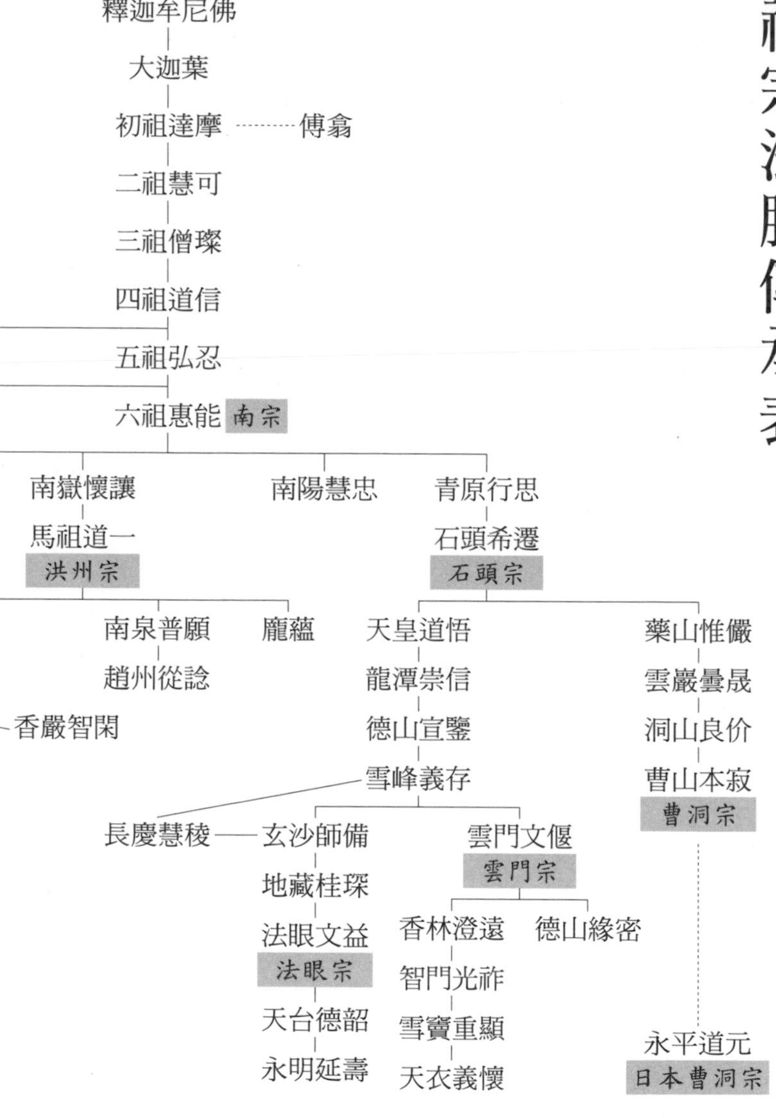
釋迦牟尼佛
大迦葉
初祖達摩
傅翕
二祖慧可
三祖僧璨
四祖道信
五祖弘忍
六祖惠能
南宗
南嶽懷讓
南陽慧忠
青原行思
馬祖道一
洪州宗
石頭希遷
石頭宗
南泉普願
龐蘊
天皇道悟
藥山惟儼
趙州從諗
龍潭崇信
雲巖曇晟
香嚴智閑
德山宣鑒
洞山良价
雪峰義存
曹山本寂
曹洞宗
長慶慧稜
玄沙師備
雲門文偃
雲門宗
地藏桂琛
法眼文益
法眼宗
香林澄遠
德山緣密
智門光祚
天台德韶
雪竇重顯
永明延壽
天衣義懷
永平道元
日本曹洞宗

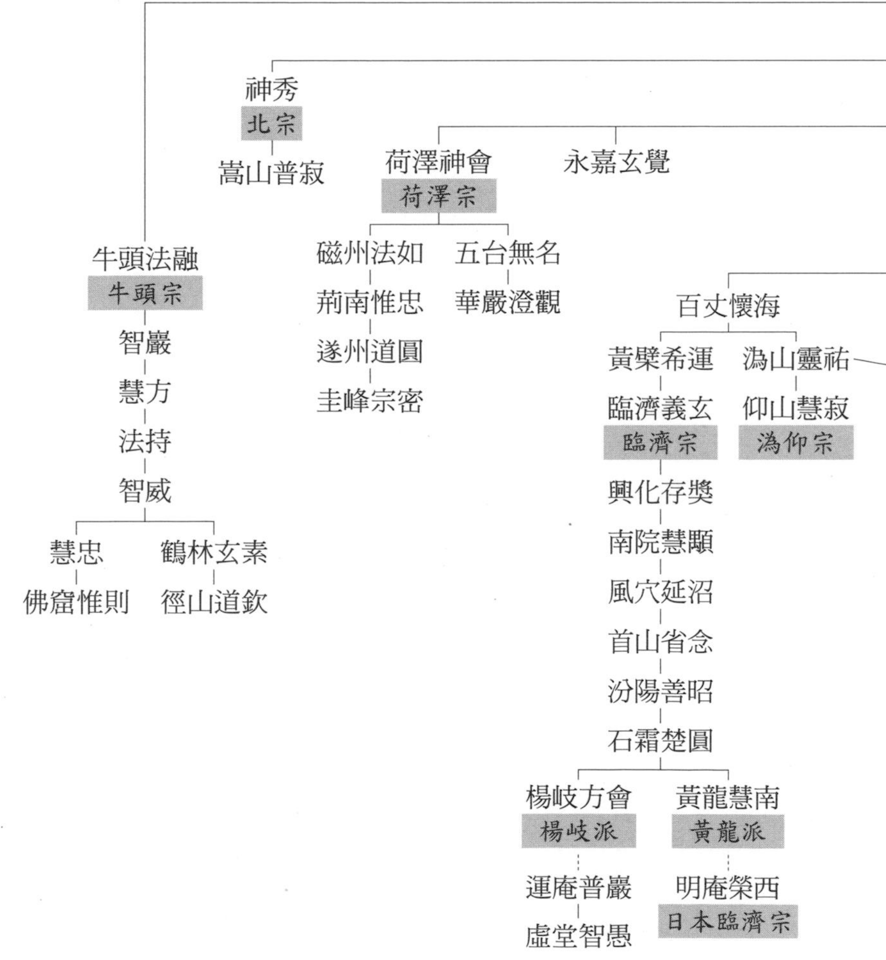

神秀
北宗
嵩山普寂
荷澤神會
荷澤宗
永嘉玄覺
磁州法如
荊南惟忠
遂州道圓
圭峰宗密
五台無名
華嚴澄觀
牛頭法融
牛頭宗
智巖
慧方
法持
智威
慧忠
佛窟惟則
鶴林玄素
徑山道欽
百丈懷海
黃檗希運
臨濟義玄
臨濟宗
興化存獎
南院慧顒
風穴延沼
首山省念
汾陽善昭
石霜楚圓
楊岐方會
楊岐派
運庵普巖
虛堂智愚
黃龍慧南
黃龍派
明庵榮西
日本臨濟宗
溈山靈祐
仰山慧寂
溈仰宗

琉璃文學 44

走進禪詩——禪詩中的禪史

Taking a Stroll in Chan Poetry:
The Chan Buddhist History in Chan Poems

著者	蕭麗華、黃秀珠、吳靜宜
出版	法鼓文化
總監	釋果賢
總編輯	陳重光
編輯	張晴、詹忠謀
封面設計	陳文德
內頁美編	胡琡珮
地址	臺北市北投區公館路186號5樓
電話	(02)2893-4646
傳真	(02)2896-0731
網址	http://www.ddc.com.tw
E-mail	market@ddc.com.tw
讀者服務專線	(02)2896-1600
初版一刷	2022年11月
建議售價	新臺幣350元
郵撥帳號	50013371
戶名	財團法人法鼓山文教基金會—法鼓文化
北美經銷處	紐約東初禪寺 Chan Meditation Center (New York, USA) Tel: (718)592-6593 E-mail: chancenter@gmail.com

法鼓文化

國家圖書館出版品預行編目資料

走進禪詩：禪詩中的禪史 / 蕭麗華, 黃秀珠,
吳靜宜著. -- 初版. -- 臺北市：法鼓文化,
2022.11
面； 公分
ISBN 978-957-598-969-9 (平裝)

224.513 111015023